# LES CLÉS
# DE L'ÉNERGIE

**Chez le même éditeur :**

Nicolas Almand (Nathor) : *Conscience Divine*
Nicolas Almand : *L'Ascension vers la Lumière*
Magalion : *Le Chemin du Père*
Wolfgang Hahl : *Pierres de soins, Pierres de protection*
Nicolas Almand : *Shungite, protection extrême*
Karine Chateigner : *Ecce Homo*
Pierre-André Letemple : *Saint-Georges Prince des Lumières*
Tony Hogan : *Né pour Guérir*
Jack Angelo : *Le Grand Livre de la Guérison Spirituelle*
A.D. du Graal : *Des Mégalithes aux Cathédrales*
Magalion : *Le Chemin du Père*
Magalion : *Au Royaume de la Vie*
Sarah Wilson Estep : *Les Voix de l'Éternité*
Joachim : *Les 7 Portes de la Lumères*
Alexandre Poliokhine : *Merkabah, la Porte du Cosmos*
Alexandre Poliokhine : *Le Coeur des Puissances d'Hermès*
Magalion : *Guérisseur source de vie*
Magalion : *Au Royaume de la vie*
Magalion : *Les 5 Pouvoirs*

Pour tous renseignements concernant ces ouvrages,
vous pouvez nous écrire à :

EDITIONS LABUSSIÈRE
23 Place de l'Hôtel de Ville
B.P. 85
71700 TOURNUS
Tél : 03.85.27.03.80. - Fax : 03.85.27.03.81.

editions.labussiere@worldonline.fr
www.editions-labussiere.fr

NAT KWANTEAU

# LES CLÉS DE L'ÉNERGIE

**Editions Alain LABUSSIERE**
B.P. 85 – 71700 Tournus

**AVERTISSEMENT de L'EDITEUR**

Les pratiques, les techniques, les conseils décrits dans ce livre ne doivent en aucun cas être utilisés en remplacement de traitements médicaux. Ce livre n'essaye aucunement de porter un quelconque diagnostic, de recommander un traitement, d'établir une prescription en vue de traiter des maladies, des douleurs, des blessures, ou un problème de condition physique.
Cet ouvrage est édité dans un but d'information.
Il exprime une philosophie de la vie.
Seul votre médecin traitant est habilité
à prescrire un traitement médical.
L'auteur et l'éditeur ne sont donc responsables en aucune manière d'une utilisation inconsidérée de cet ouvrage.



N° ISBN : 978-2-84988-143-9

# Introduction

Le Tao est le chemin vers l'immortalité.

Du moins est-ce le but ultime des moines Taoïstes qui, il y a presque six mille ans, ont élaboré les préceptes de la Voie.

La Voie : celle de l'âme, celle du corps, et celle des émotions.

Mais rassurez-vous : il ne s'agit pas, dans ce livre, de vous apprendre à devenir immortel !

C'est le Tao dans sa forme la plus pragmatique qui nous intéresse, celle qui vous permettra, en vous imprégnant de ses principes fondamentaux et grâce à quelques techniques simples, de bénéficier de la première de ses quêtes : la recherche de l'harmonie.

Car le Tao est avant tout la recherche de l'équilibre. L'équilibre parfait, celui de votre corps et de vos émotions, de votre santé et de votre pensée. Une harmonie qui vous offrira le bien-être, la guérison, et la réalisation de vos aspirations.

Comment est-ce possible ?

Grâce à l'énergie.

Etouffée par nos valeurs et nos codes moraux, par nos obligations quotidiennes, par nos mauvaises habitudes et une hygiène de vie parfois néfaste ; ainsi que par des pensées négatives constantes – le stress, l'angoisse, la dévalorisation… – votre énergie vitale ne demande qu'à s'épanouir !

Et à retrouver son rôle régénérateur et créateur. Chaque partie de cet ouvrage abordera un domaine majeur de l'application de l'énergie du Tao :

• **Votre santé** en premier lieu. Vous verrez comment utiliser le Tao pour retrouver un corps en pleine forme et au maximum de ses capacités.
• La seconde partie vous démontrera que **l'énergie sexuelle** est votre plus grand atout, une énergie qui se démultiplie ensuite à l'infini.
• **Votre énergie mentale**, ou votre faculté à maîtriser vos pensées et leur pouvoir, est abordée dans la troisième partie.
• Je vous parlerai ensuite des **performances sportives**, ou comment exploiter l'énergie du Tao pour dépasser vos limites.
• **La spiritualité et vos émotions**, avec la méditation et quelques exercices simples, constituera le cinquième chapitre.
• J'aborderai ensuite dans la sixième et dernière partie le principe de **la loi de l'attraction**, soit le pouvoir de votre esprit sur la matière : le Chi, l'énergie du Tao, vous sera un allié précieux pour réaliser enfin vos rêves.

**Chaque fin de chapitre sera consacrée à plusieurs exercices pratiques**, à chaque fois au nombre de deux : l'un sera rapide à effectuer, et l'autre plus complexe – et plus complet – afin que vous choisissiez selon le temps dont vous disposez. Ces nombreux exercices vous permettront d'avoir à votre disposition un guide pratique efficace et varié.

Commençons dès à présent à suivre le chemin de l'énergie du Tao.

# *L'énergie du Tao pour votre santé*

Pour résumer, ou simplifier le principe du Tao, vous devez retenir tout d'abord qu'il s'agit avant tout d'équilibrer l'énergie, ou flux vital, qui vous anime.

## RETROUVEZ L'HARMONIE

L'énergie, appelée Qi – prononcez Chi – par les Chinois, Ki par les Japonais et Prana par les Indiens, est le principe vital de tout ce qui vit sur terre. Le Qi est ce qui anime, ce qui rend vivant…

Le but du Tao est de favoriser la libre circulation de ces différentes sources d'énergie, et de les harmoniser, afin d'améliorer les capacités physiques, mentales et émotionnelles de chaque être vivant. Le stress, cet ennemi de nos sociétés modernes, disparaît, l'esprit s'apaise, l'être rayonne et peut s'épanouir en toute simplicité…

La grande roue, symbole du Tai Qi – le fameux YIN / YANG – représente le Tao, principe originel de toute manifestation de vie.

Le schéma en page suivante vous montre la Grande Roue du Tao et la manière dont se placent :

- **La circulation énergétique**, avec un cycle horaire en relation avec la physiologie chinoise des organes,
- Le cycle des **attitudes mentales et émotionnelles**, représentées par les douze vertus.

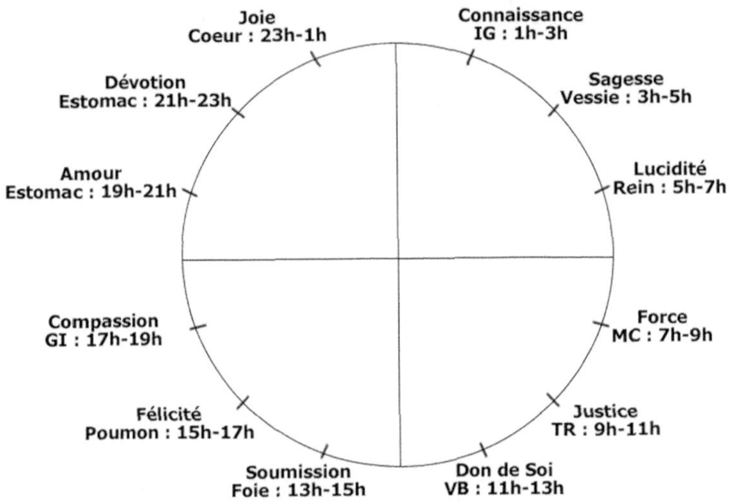


Quand votre roue du Tao tourne de manière harmonieuse, tout se passe bien dans votre existence. Vous êtes en bonne santé, et votre moral suit. Vous faites des projets et arrivez à les concrétiser sans délai.

Mais lorsque vous butez sur des évènements difficiles – séparation, conflits, problèmes financiers, etc. – vos émotions, vos angoisses, vos maux physiques vont venir bloquer cette roue.

Si cette période « délicate » perdure, votre Tao ne tourne plus. Heureusement, il existe des méthodes pour huiler la machine !

## VOS TROIS CENTRES D'ENERGIE : LE CERVEAU, LE CŒUR ET LA ZONE GENITALE

Dans le Tao, il existe trois centres d'énergie –on les appelle « tan tien »: le cerveau, le cœur et les organes sexuels. Chacun de ces tan tien a pour rôle de produire de l'énergie, et ensuite de la redistribuer à l'ensemble de votre organisme.

C'est donc par ces trois pôles que toute votre énergie transite. C'est également à ces trois niveaux que vous pouvez la bloquer... ou la libérer, bien sûr !

Voyons ensemble ces tan tien un peu plus en détail.

## LES PENSEES POSITIVES : VOTRE CERVEAU EST LE CHEF D'ORCHESTRE

Il faut bien comprendre que ces trois tan tien n'ont pas le même fonctionnement, ni les mêmes capacités.

Votre cerveau, par exemple, produit du Qi uniquement lorsque vous le sollicitez ! Lorsque vous faites appel à vos neurones, que ce soit pour vous divertir – lire, résoudre une énigme – ou pour vous concentrer, vous produisez du Qi.

Cette production s'arrêtera dès que vous cesserez votre activité. C'est d'autant plus dommage que dans nos sociétés modernes, c'est avant tout notre cervelle que nous apprenons à exploiter !

Ceci dit, retenez une chose. J'y reviendrai dans la troisième partie de cet ouvrage, mais dès lors vous pouvez noter que vos pensées ont une influence capitale sur votre énergie, ou votre Qi : ce n'est pas pour rien que l'on parle d'énergie négative !

Lorsque vous pensez, vous produisez de l'énergie. Si vos pensées sont sombres, dévalorisantes, vous allez bloquer le flux naturel. A vous, maux de crâne, fatigue et déprime !

Votre cerveau joue un peu le rôle d'un chef d'orchestre. *« Là où sont tes pensées, tu es »* a dit Rabbi Nachman de Breslau, avant de conclure : *« Veille à ce que tes pensées soient bien là où tu veux être »*...

## LES EMOTIONS ET LA SANTE : QUAND VOTRE CŒUR DIRIGE

Votre cœur, soit bien entendu la source de vos émotions, est un tan tien de grande valeur : l'énergie que vous produisez est plus durable, plus longuement exploitable.

A chaque fois que vous éprouvez de l'amour, de la compassion, que vous ressentez un élan de joie ou de simple satisfaction, vous produisez une énergie de grande qualité qui va alimenter et régénérer chacune des cellules de votre corps.

Ainsi peut s'expliquer l'exquise sensation d'euphorie ou de bien-être qui vous envahit lorsque vous venez de passer un bon moment avec vos amis, ou après un fou-rire.

Rien n'est anodin, et certainement pas vos émotions ! Mais, bien entendu, il existe le revers de la médaille : lorsque vous éprouvez de l'angoisse, par exemple, votre tan tien se referme et ne produit plus rien de cette précieuse énergie. Vous n'êtes plus dans « le flux » de la vie…

Il est impossible de ne pas éprouver ces émotions dites négatives ! D'ailleurs, ce n'est pas souhaitable, car essayer de bloquer une émotion ne fait que la rendre plus puissante encore. Mais heureusement, il existe des techniques, des exercices qui vous apprendront à transformer vos émotions négatives en énergie positive. Nous aborderons cette question dès le troisième chapitre.

Mais voyons maintenant le dernier tan tien, et non le moindre : les organes sexuels.

## SEXUALITE : INTRODUCTION A VOTRE PLUS GRANDE SOURCE D'ENERGIE

Ce tan tien fait l'objet d'un chapitre entier, je ne vais donc pas le détailler ici.

Mais sachez dès à présent que vos organes sexuels constituent le plus puissant et le plus exploitable de vos tan tien.

Dans notre société où, malgré les évolutions successives, le sexe reste tabou et sujet à de multiples controverses, affirmer que votre zone sexuelle est la source la plus puissante de votre énergie peut vous dérouter.

Pourtant, c'est le cas, et les Taôistes ont mis au point des exercices très variés pour vous permettre d'exploiter au mieux cette source précieuse.

Ainsi, pour régler tel ou tel problème de santé, il est préconisé de faire l'amour dans une certaine position et pendant un laps de temps précis pour que l'énergie ainsi créée vienne à la rescousse de l'organe malade.

Dès le prochain chapitre, vous verrez cela plus en détail. Sachez déjà que l'énergie sexuelle, une fois qu'elle est bien maîtrisée, est aussi inépuisable que démultipliable. C'est vraiment, dans toute sa puissance, le principe même du Qi.

Vous avez vu les trois centres principaux de « production » d'énergie, vos trois tan tien. Abordons maintenant ce que préconise le Tao en termes d'alimentation pour votre santé.

## L'ALIMENTATION

L'alimentation joue un rôle primordial dans le Tao. C'est l'un des outils de base pour préserver sa santé, se soigner, et être connecté au « Flux ».

Sachez que le Tao classe les aliments selon deux éléments différents :

- **Leur nature**. Un aliment sera yin ou yang, c'est-à-dire qu'il sera : chaud, froid, tiède, ou neutre.
- **Leur saveur**. Il s'agit de leur saveur « de base » : acide, amer, doux, piquant, salé. Ces saveurs correspondent aux cinq éléments, que nous détaillerons un peu plus tard.

De manière générale, tout ce qui est comestible est considéré comme bénéfique pour l'organisme dans le Tao. Tout est une question de dosage, et de fréquence.

Au programme, ce sera donc le mot d'ordre : Equilibre !

Bref, manger de tout, sans céder aux régimes à la mode, déstructurés, hyper protéinés, végétariens, etc. Manger à sa faim et de tout, rien de plus raisonnable, n'est-ce pas ?

Le simple bon sens, à quoi il faut rajouter quelques règles tout de même :

- **Les produits laitiers** sont à éviter au maximum. Le Tao considère qu'il s'agit en général d'aliments transformés et qu'après l'enfance un être humain n'a aucun besoin de lactose. Ce dernier est même considéré comme néfaste pour la peau, le fonctionnement rénal, etc. Au mieux, donc, à consommer avec une – grande ! – modération. Vous pouvez trouver le calcium indispensable dans bien d'autres aliments, comme par exemple les crevettes, le soja, le chocolat, les germes de blé… et dans de nombreux fruits et légumes.
- **Les protéines**, si elles sont indispensables, ne forment pas la base des repas. Les Taoïstes associent légumes et céréales et y rajoutent un peu de viande ou de poisson. Surtout de poisson, d'ailleurs, cuit à l'étouffée pour en préserver les nutriments.

• **Les céréales**, voilà la base de l'alimentation du Tao. Pas nos céréales préfabriquées et transformées, mais celles que l'on trouve à l'état naturel. Vous avez un choix étonnant : Riz, son, seigle, quinoa, épeautre, blé...
• **Les légumes**, tous les légumes de saison, formeront avec les céréales la base de vos repas. Le Tao vous conseille d'en manger plusieurs sortes à chaque fois, et de les cuisiner vous-même si vous le pouvez.

Par ailleurs, le Tao préconise une alimentation qui favorisera la production d'énergie et donc fatiguera le moins l'organisme. C'est pourquoi il est préconisé de respecter quelques règles supplémentaires, que voici :
• **Maîtrisez la cuisson de vos aliments** : autant manger cru demandera beaucoup d'efforts de digestion à votre organisme, autant il est déconseillé de trop cuire vos mets sous peine de perdre la majeure partie des éléments nutritifs. Il vous est conseillé de les saisir rapidement, comme dans la cuisson au wok.
• **Mangez et buvez à température ambiante** : boire un thé glacé quand il fait chaud peut paraître une bonne idée, mais le choc thermique ainsi produit va épuiser votre organisme qui devra s'adapter en état de stress. De la même manière, boire un thé brûlant en plein hiver est courant, mais produira les mêmes effets. L'eau devra être, elle aussi, à température ambiante... Croyez-moi, ce n'est vraiment qu'une question d'habitude !

Pensez également à utiliser quelques produits-phare dans l'alimentation chinoise, dont les vertus sont aujourd'hui reconnues. En voici quelques exemples :

• **Le thé PU-ERH** : thé chinois post-fermenté. Anti-cholestérol, anti-triglycéride, activateur du métabolisme du foie…
• **Le miso non pasteurisé** : enrichit la flore intestinale, améliore la digestion, annule les intolérances gastriques…
• **Le sésame** : d'une très grande valeur nutritive, deux cuillères à soupe correspondent à un steak de deux cent grammes ! Antioxydant, le sésame a des vertus étonnantes dont la performance sportive, l'amélioration des troubles de la ménopause, la circulation sanguine…
• **Les algues** : à consommer avec modération car il s'agit d'un aliment « froid », elles sont d'une grande richesse nutritive. Très riches en fibres, ce sont les seuls végétaux à contenir de la vitamine B12, indispensable au métabolisme du système nerveux.

## LES DOUZE ORGANES VITAUX

Le Tao étant indissociable de la médecine traditionnelle chinoise, faisons un point rapide sur vos organes, leur rôle et leur interaction. Vous retrouverez, tout au long de cet ouvrage, des exercices qui axeront leurs efforts sur tel ou tel organe, et cette liste vous permettra d'y voir un plus clair.

• **Les six organes Yin :**

Les organes Yin ont pour fonction de produire les cinq substances vitales du corps humain, de les transformer, de réguler leur flux et de les stocker. Ils sont situés plus en profondeur que les organes Yang.

▶ **Le cœur**, qui gouverne la circulation du sang. Organe majeur de transformation, et bien entendu source de vos émotions, le cœur est de plus un tan tien incontournable.

▶ Le péricarde, qui entoure le cœur d'une enveloppe protectrice et assure la défense contre les attaques externes.

▶ Les poumons, responsables de la respiration qui régule l'ensemble du Qi circulant dans votre corps. Ils participent de plus au transport et à la transformation de l'eau dans l'organisme.

▶ La rate est considérée comme l'organe digestif le plus important. C'est elle qui transforme les aliments en Qi.

▶ Le foie redistribue les substances vitales dans votre corps, et il est responsable de la sécrétion de bile. De plus, c'est votre foie qui contrôle vos émotions. Il stocke et régule le sang.

▶ Les reins maintiennent l'eau en mouvement dans votre organisme, et la transforment. Ils sont également au cœur du processus de vieillissement.

• **Les six organes Yang :**

Le rôle des organes Yang est d'absorber les éléments nutritifs servant à la formation des substances vitales, de les répartir puis de trier les éléments « inutilisables » pour les évacuer.

▶ **L'estomac**, qui régule la transformation de la nourriture et la répartition du Qi ainsi produite.

▶ **L'intestin grêle** : la nourriture sera à nouveau divisée et envoyée vers la rate ou le gros intestin.

▶ **Le gros intestin**, dont le rôle est de prélever l'eau de vos aliments et de la redistribuer.

▶ **La vésicule biliaire** stocke la bile, cette substance jaune et acide formée par le Qi du foie.

▶ **La vessie** gère bien entendu l'élimination de l'urine, en lien avec les reins.

▶ **Le triple réchauffeur** : cet organe, selon de nombreux médecins chinois, n'existe que par son nom et il est impossible à localiser. Il semble relier tous les organes ayant un rapport avec l'eau, principalement les reins, les poumons, la rate, ainsi que l'intestin grêle et la vessie.

- **Les entrailles exceptionnelles :**

En plus des six organes Yin et Yang, la médecine traditionnelle chinoise reconnaît six entrailles exceptionnelles: le cerveau, les os, la moelle, les vaisseaux, l'utérus et la vésicule biliaire qui appartient en même temps aux organes Yang.

## LES CINQ ÉLEMENTS

Je ne peux pas vous parler de l'énergie du Tao sans aborder les principes de base, qui sont le yin et le yang, et les cinq éléments.

C'est un fondamental dans la médecine taoïste, qui considère que tout est lié, connecté : à chaque élément, correspond un organe, une couleur, une saison, un évènement climatique et une émotion. Les exercices que vous pratiquerez étant basés sur ces fondamentaux, je vous en donne ici les grandes lignes :

Symboliquement les cinq Éléments sont représentés par :

- **Le Bois**

Le Bois est relié au Foie et la Vésicule Biliaire.

Ils sont eux-mêmes reliés aux yeux, aux ongles et tendons.

**Couleur :** vert
**Saison :** Printemps
**Élément :** Vent
**Émotion :** Colère

• **Le Feu**

Le Feu est relié au Cœur et à l'Intestin Grêle.
Ils sont eux-mêmes reliés à la langue, à la peau et aux vaisseaux sanguins.

**Couleur :** Rouge
**Saison :** Été
**Élément :** Chaleur
**Émotion :** Joie

• **La Terre**

La Terre est reliée à la Rate et à l'Estomac.
Ils sont eux-mêmes reliés à la bouche, aux lèvres et aux muscles.

**Couleur :** Jaune
**Saison :** cinquième saison
**Élément :** Humidité
**Émotion :** Inquiétude

• **Le Métal**

Le Métal est relié aux Poumons et au Gros Intestin.
Ils sont eux-mêmes reliés au nez, à la pilosité et à la peau.

**Couleur :** Blanc
**Saison :** Automne
**Élément :** Sécheresse
**Émotion :** Chagrin

• **L'Eau**

L'Eau est reliée aux Reins et à la Vessie.
Ils sont eux-mêmes reliés aux oreilles, aux os et aux cheveux.

**Couleur :** Noir
**Saison :** Hiver
**Élément :** Froid
**Émotion :** Peur

## POUR RESUMER...

N'oubliez pas que le Tao préconise avant tout l'équilibre et l'harmonie, et bannit tout agent stressant ou comportement excessif. Il n'existe pas de jeûne, de pratiques extrêmes, ni d'aliments à proscrire. Seulement du bon sens !

Mangez à votre faim, ne vous resservez pas par pure gourmandise, variez au maximum les repas et prenez le temps de les préparer vous-même.

Le Tao, en ce qui concerne la santé, a une approche radicalement différente de notre médecine occidentale. En Chine, un patient va voir un médecin lorsqu'il est bien portant, pour le rester. C'est de la prévention portée à son plus haut degré ! Des principes simples, frappés sous le sceau du bon sens, et, toujours, cette quête incessante de l'équilibre intérieur.

Et enfin, n'oubliez pas : le Tao recherche la longévité, sinon l'immortalité. Il se fonde sur trois éléments principaux pour atteindre cet objectif :

- **L'amour** – émotion, sexualité, pensée ;
- **La respiration** – émotion, corps, ressenti ;
- **La nourriture** – métabolisme, corps, ressenti.

Il est temps, maintenant, de passer à nos premiers exercices pratiques ! J'ai choisi, pour chaque chapitre, un exercice long et un autre plus court, afin que vous puissiez pratiquer selon le temps dont vous disposez.

## EXERCICE PRATIQUE 1 : LES EXERCICES DIRECTIONNELS

Pour pratiquer les exercices directionnels, vous devez vous placer face au point cardinal correspondant à la position indiquée. A vos boussoles !

La position de base reste toujours la même : vous commencez les exercices debout, les bras relâchés le long du corps ; vos jambes sont droites, vos genoux légèrement fléchis et vos deux pieds bien à plat, écartés dans l'axe de vos épaules.
Commencez par une série de respirations profondes et ventrale.

- **Nord - ouest**

Vous vous imaginez en train de soulever des altères. Le mouvement se fait en deux temps : vos bras montent d'abord jusqu'à la taille, et ensuite au-dessus de votre tête. Cet exercice contribue à augmenter votre force physique, et profite aux poumons et au gros intestin.

- **Nord**

Simulation de tir à l'arc : vous vous imaginez en train de tendre la corde, puis de lâcher la flèche. Cet exercice est excellent pour les poumons, les reins, le gros intestin, la vessie, l'épiderme et les os.

- **Nord - est**

Vous vous baissez jusqu'à toucher vos orteils du bout de vos doigts, en pliant le plus possible la taille et le bassin. Vous devenez une montagne, ou une colline... Cet exercice améliore le fonctionnement de la rate, du pancréas et de la digestion.

- **Est**

Vous effectuez une rotation de la partie supérieure de votre corps, face au soleil ; votre tête suit le mouvement, vos yeux sont fermés et vous ressentez la source de chaleur émise par le soleil. Cet exercice est bon pour les nerfs, le foie, les yeux, la vésicule biliaire ainsi que pour perdre du poids.

• **Sud - est**
Vous vous hissez lentement sur la pointe des pieds, puis rabaissez les talons. Ce mouvement est positif pour les nerfs, le foie, la vésicule biliaire et le cœur.

• **Sud**
Faites des rotations de hanche, comme si vous aviez un cerceau autour de votre taille. Changez de sens à volonté, en vous concentrant bien sur le mouvement. Cet exercice améliore le fonctionnement de vos organes sexuels.

• **Sud- ouest**
Vous adoptez une position de combat : genoux et bras légèrement pliés, poings serrés. Hissez-vous sur la pointe des pieds, en exprimant la rage dans les yeux. Ce mouvement régule le système digestif, tonifie les poumons et les nerfs.

• **Ouest**
Levez un bras en l'air, puis laissez-le brusquement retomber ; changez de bras. L'abdomen ne doit pas bouger. Suivez la montée du bras du regard. Cet exercice soulage les douleurs du bas du dos, et des épaules. Il est efficace contre les problèmes de reins et les douleurs à la colonne vertébrale.

## EXERCICE PRATIQUE 2 : LES HUIT PIECES DE BROCART

Un général chinois, spécialiste du Taoïsme, mit au point cette technique vers le douzième siècle afin de conserver ses soldats en pleine forme !

Il s'agit là de l'un des exercices les plus complets du Tao, qui s'attache à améliorer la circulation de l'énergie dans chaque « point névralgique » de votre organisme. Je vous invite à le pratiquer régulièrement, pour en voir les effets bénéfiques le plus rapidement possible.

Il se décompose en huit mouvements bien distincts, chacun s'attachant à une problématique spécifique. Vous trouverez une petite miniature illustrant grossièrement chacun des mouvements.

Portez des vêtements assez lâches pour vous y sentir à l'aise – pas de ceinture trop serrée, par exemple. Choisissez une pièce claire et aérée, dans laquelle vous ne serez pas dérangé. Concentrez-vous quelques instants sur votre respiration, sans la forcer ni la ralentir, debout, bras ballants, le corps détendu. Vous êtes prêt ?

• **Portez le ciel dans vos mains.**

Vous allez, par ce mouvement très simple, ouvrir tous vos méridiens. Prévenant les contractures du dos, cet exercice vous permettra de faire circuler librement l'énergie dans tout le corps :

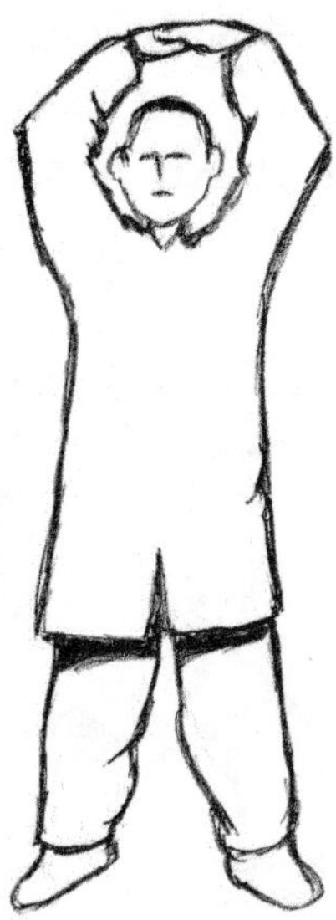

Les deux mains levées supportent le ciel.

En tonifiant votre organisme tout en douceur, vous harmonisez le yin et le yang, et votre énergie vitale.

Vous vous tenez debout, les pieds parallèles avec un écartement égal à celui des épaules. Vous joignez vos deux mains devant votre ventre, vos doigts entrelacés et vos paumes orientées vers le haut.

Levez lentement vos mains au-dessus de votre tête en tournant les paumes d'abord vers le bas, puis vers le haut, tout en suivant du regard le dos de vos paumes.

Vous faites ensuite redescendre vos mains au niveau de votre ventre, et vous laissez retomber les bras de chaque côté de votre corps.

Respirez profondément.

• **Tirez à l'arc sur un aigle**

Vous allez maintenant agir au niveau de votre poitrine, en l'ouvrant au maximum pour favoriser une respiration optimale. Les blocages du cou et des épaules sont ainsi traités, et vous agissez sur les méridiens du poumon et du gros intestin. Le Qi de vos reins est tonifié.

Respirez profondément. Vous allez mimer le geste du tireur à l'arc, à droite d'abord, puis à gauche : vous visez un aigle.

Vous bandez votre arc imaginaire en étendant le bras gauche vers la même direction, vos yeux suivant la flèche. Vous fléchissez en même temps le coude droit pour tirer en arrière la corde de votre arc.

Décomposez bien le mouvement, ressentez vos muscles, tenez-vous droit mais non figé. Tout votre corps doit suivre le mouvement.

Vous ramenez ensuite vos pieds parallèles, et vous croisez les bras – c'est la position dite « du Cavalier ».

Puis vous recommencez avec votre bras droit pour tenir l'arc.

Vous fortifiez ainsi les muscles de vos bras et de vos épaules, et vous ouvrez vos poumons en augmentant leur élasticité.

Respirez profondément.

• **Soulevez la montagne d'un bras**

Vous stimulez votre rate, votre estomac, et tout votre appareil digestif. C'est un exercice très efficace pour rétablir l'énergie entre votre circulation sanguine et vos organes internes, particulièrement vos organes digestifs.

Vous commencez par soulever vos deux bras au niveau de votre poitrine, paumes orientées vers le sol.

En respirant profondément, levez lentement votre bras gauche au-dessus de votre tête en gardant vos paumes dirigées vers le ciel. Votre regard suit le bout de vos doigts. Pendant ce temps, vous baissez votre bras droit le long de votre jambe droite, vos paumes orientées vers le sol et vos doigts vers l'avant.

Vous reprenez ensuite votre position d'origine, mains à hauteur de votre poitrine, puis vous alternez avec le bras droit

- **Regardez en arrière, pour détecter les cinq maladies et les sept malaises**

Vous allez maintenant agir sur les méridiens yangs. Le système neuro-végétatif est amélioré, responsable des maux tels que migraines, vertiges, hypertension artérielle.

Vous tonifiez les muscles de la poitrine et du cou.
Vous vous tenez bien droit, vos pieds parallèles dans l'axe

de vos épaules. Vos mains reposent tranquillement le long de vos jambes. Tournez votre tête vers la gauche, doucement, votre corps suivant naturellement le même mouvement. Vous allez orienter votre tête et votre corps aussi loin en arrière que possible, comme si vous observiez un ennemi à l'horizon.

Faites bien attention à ne pas trop forcer, à ne pas ressentir de douleur ou de gêne : le Tao ne « passe pas en force ». C'est par la pratique régulière qu'il agit, sur des gestes très simples, méticuleux et précis. Votre corps doit vous alerter quand vous atteignez vos limites naturelles : ne les dépassez pas. En répétant ces gestes jour après jour, vous constaterez que l'amélioration se fait d'elle-même.

Revenez ensuite à votre position initiale : droit, épaules et pieds dans le même axe, détendu. Puis vous reproduisez le même mouvement vers le côté droit.

Vous terminez par la position du Cavalier.

**• Apaisez le cœur, en tournant la tête**

Le « feu du cœur » : dans le Tao, il s'agit de réduire les effets du stress. Anxiété, angoisse, arythmie cardiaque, insomnie… Voici un exercice très simple pour rétablir votre calme intérieur, tout en stimulant la circulation sanguine et la digestion.

Le Tao vous conseille de « branler la tête et agiter la queue comme un ours », ce qui en plus améliore votre tour de taille !

Votre position initiale reste la même : debout, bras croisés, pieds parallèles dans le même axe que vous épaules.

Votre mouvement part de vos hanches : vous commencez par la hanche gauche, qui fait un grand cercle de gauche à droite, puis l'inverse. Vous alternez ensuite avec la hanche droite dans une grande rotation depuis la droite vers la gauche... Votre tête doit suivre le mouvement, tout en restant bien alignée avec votre colonne vertébrale.

Vous vous redressez ensuite pour prendre la position du Cavalier, en respirant profondément.

• **Secouez le corps, pour éliminer les maladies**

Il s'agit maintenant, dans cet exercice, de trouver l'harmonie entre le haut et le bas de votre corps. La circulation sanguine vers votre cerveau est améliorée, tout en stimulant les reins et en permettant à votre corps d'éliminer les toxines.

Dans la position de base que vous connaissez maintenant, vous allez mettre vos mains derrière votre dos.

En gardant vos paumes vers le sol, votre main gauche agrippe votre poignet droit.

Puis vous vous courbez lentement en arrière, le visage tourné vers le ciel. Veillez bien à garder les jambes droites et, toujours, à ne pas forcer !

Vous vous redressez lentement avant de croiser les mains devant vous, paumes toujours vers l'extérieur. Vous vous inclinez cette fois vers le sol, lentement, les jambes droites, jusqu'à ce que vos doigts puissent toucher vos pieds.

J'insiste encore une fois : ne forcez pas ! Si vous ne parvenez pas à toucher vos orteils, ça n'a aucune importance.
Dès qu'une tension apparaît, arrêtez-vous. Le mieux est parfois l'ennemi du bien.

• **Renforcez vos reins en vous hissant sur les pieds**

Vous améliorez par cet exercice la circulation d'énergie au niveau de votre taille et votre ventre.

Le dos, les lombaires, les reins sont renforcés et dynamisés.

Vous démarrez comme lors de l'exercice précédent, mains dans votre dos. Vous vous mettez lentement sur la pointe des pieds, vos talons se détachant du sol, tout en gardant les yeux fixés sur un point droit devant vous. Respirez profondément, ne forcez pas.

Si vous avez du mal à conserver votre équilibre, vous pouvez commencer en gardant vos bras le long de votre corps, comme sur la miniature ci-dessus.

• **Augmentez la force en serrant les poings**

Nous allons finir sur un exercice destiné à renforcer le système nerveux et le cortex cérébral.

Vous allez renforcer votre foie et vos yeux, améliorant votre vision et tonifiant vos articulations et vos muscles

Vous prenez la position de base, bras le long du corps, pieds bien planté sur le sol et parallèles dans l'axe des épaules.

Vous allez fermer vos poings le plus fermement possible au niveau de votre cœur, les coudes à hauteur de vos flans.

Vous lancez maintenant votre poing gauche en avant pour un uppercut imaginaire, le bras tendu complètement, les doigts serrés vers le sol. Vous ouvrez, puis vous refermez votre main sans bouger votre bras.

Vous revenez à votre position de base, puis vous alternez avec votre poing droit.

# La sexualité : votre plus grande source d'énergie

L'activité sexuelle est, dans le Tao, la source la plus précieuse de cette fameuse énergie que nous cherchons à produire et à canaliser.

Je vous ai parlé rapidement, dans le chapitre précédent, des trois tan tien, producteurs et stockeurs d'énergie, et dont le rôle est ensuite de la redistribuer harmonieusement dans toutes les cellules de votre corps.

Ces tan tien, je vous le rappelle, sont : le cerveau, le cœur et les organes sexuels. Soit, pour parler de fonction, vos pensées, vos émotions et votre désir.

Les trois sont bien entendu liés, et un tan tien défectueux agira sur les autres, affaiblissant leur productivité. Mais je peux dès à présent vous l'affirmer : le tan tien de l'énergie sexuelle est le plus important à maîtriser. Nous allons voir maintenant pourquoi, et comment.

## QUAND L'ACTIVITE SEXUELLE AUGMENTE VOTRE VITALITE

Pour le Taoïsme, la sexualité est proche de l'alchimie interne. N'oubliez pas que le Tao est la recherche de l'équilibre, et de l'unité : yin et yang doivent trouver leur accomplissement l'un dans l'autre, l'un avec l'autre.

Détaillons un peu ce principe fondateur du taoïsme, à l'aide d'un petit tableau récapitulatif, ci-après.

| YIN | | YANG | |
|---|---|---|---|
| noir | 黑 *hēi* | blanc | 白 *bái* |
| sombre | 暗 *àn* | clair | 亮 *liàng* |
| nuit | 黑夜 *heī yè* | jour | 白天 *bái tiān* |
| lune | 月 *yuè* | soleil | 日 *rì* |
| hiver | 冬 *dōng* | été | 夏 *xià* |
| nord | 北 *bĕi* | sud | 南 *nán* |
| gauche | 左 *zŭo* | droite | 右 *yoù* |
| terre | 地 *dì* | ciel | 天 *tiān* |
| femme | 女 *nǚ* | homme | 男 *nán* |

| | | | |
|---|---|---|---|
| vide | 虛 *xū* | plein | 實 *shí* |
| introversion | 內 *nèi* | extraversion | 外 *wài* |
| passif | 被動 *bèidòng* | actif | 主動 *zhŭdòng* |
| pair | 偶 *oŭ* | impair | 寄 *jī* |

Vous le constatez, bien plus que la simple dualité homme-femme comme on l'entend dans nos sociétés occidentales, le yin et le yang constituent les deux forces vitales constitutives de l'univers.

Yin et yang sont complémentarité et non opposition. Le jour est-il toujours le jour si la nuit n'existe pas ? Indissociables, et parfois en conflit, le Tao recherche constamment l'harmonie entre ces deux principes fondateurs. L'acte sexuel représente l'apogée de cette harmonie, de cette complémentarité.

Le Tao sexuel est la recherche de la multiplication et de la transformation de l'énergie sexuelle.
Pourquoi ? Tout simplement parce que l'énergie sexuelle, une fois maîtrisée, est absolument inépuisable : elle a le pouvoir de se multiplier indéfiniment.

Encore faut-il savoir la maîtriser, et apprendre tout d'abord à en maîtriser l'outil principal : votre corps.

## LA MAITRISE DE VOTRE CORPS : UNE ETAPE INDISPENSABLE

D'où vient cette énergie extraordinaire et infinie ? De vos organes sexuels. Les ovaires pour la femme, le sperme pour l'homme, voilà les réceptacles de l'énergie sexuelle. Et le Tao apprend avant tout à ne pas la gaspiller.

Dans nos sociétés occidentales, nous avons tendance à considérer le sexe comme une performance sportive, ou comme un secret un peu honteux caché derrière une porte close.

Les Taoïstes, eux, le considèrent comme une activité extrêmement pointue, qui nécessite de longs entraînements et une véritable technicité acquise avec la pratique et l'expérience.

La base est assez simple : pour atteindre une exploitation optimale de votre énergie sexuelle, il vous faut apprendre à la canaliser. Ne pas « gaspiller » votre sperme en coïts rapides et sans âme, mais apprendre l'orgasme multiple sans éjaculation – ou avec une éjaculation contrôlée.

En économisant cette énergie – l'orgasme vous permettra de la produire, mais le contrôle de l'émission de sperme vous permettra de l'économiser – vous pourrez ainsi redistribuer cette énergie dans votre corps, en venant à la rescousse d'organes défaillants par exemple.

Comment maîtriser votre corps pendant l'acte sexuel ? Le Tao offre de nombreux exercices pour acquérir cette maîtrise, et je vous propose en fin de chapitre un exercice pratique sur cette question. Mais dès maintenant, voici quelques éléments de base.

Vous avez deux étapes à respecter : il vous faut apprendre avant tout à séparer l'orgasme de l'éjaculation, puis diffuser l'énergie orgasmique dans tout le corps, pour régénérer votre corps.

A chaque fois que vous vous approchez de l'orgasme, vous faites remonter cette énergie incroyable vers votre cerveau, non pas une fois mais plusieurs, ce qui régénèrera entièrement votre organisme.

Bien entendu, cette maîtrise de votre éjaculation demande de la pratique, et voici ce qui vous est conseillé :

- **Entraînez votre muscle « PC »**

Voici ce muscle, en rouge dans le graphe ci-dessus :
C'est le muscle pubbococcygien (PC) qui contrôle l'afflux du sang vers le pénis, il est donc « maître à bord » lors de l'orgasme et de l'éjaculation.

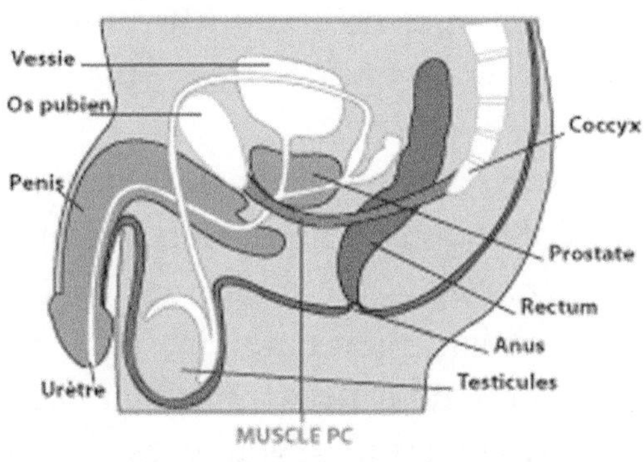


Expirez profondément en relâchant totalement votre muscle PC, puis contractez-le au maximum en inspirant profondément par le nez.

Répétez une douzaine de fois. Vous devez ralentir les inspirations et faire durer les contractions.
Cet exercice peut se faire dans toutes les positions : allongé, assis, debout…

- **Entraînez-vous sur votre miction**

Cela peut paraître trivial, mais c'est un excellent exercice pour apprendre à maîtriser ce fameux muscle PC, puisqu'il contrôle également l'écoulement de l'urine.

Interrompez le jet, relancez-le en le propulsant au maximum, stoppez-le à nouveau.

Vous devez réaliser l'exercice au moins cinq ou six fois avec le minimum d'effort.

L'exercice du Cerf par exemple, en fin de chapitre, vous permettra de développer cette maîtrise rapidement et de manière très efficace.

## LA RECHERCHE DU PLAISIR

Cette approche de l'acte sexuel peut sembler un peu trop froide et technique pour des amoureux. Mais je n'ai parlé que de la base « pratique » du Tao sexuel, soit la technique au service de l'harmonie, de l'équilibre intérieur. Le sexe est ainsi un outil énergétique très puissant. Mais pas seulement...

La sexualité n'est pas affaire uniquement de technique. Rentrent en jeu de nombreux facteurs, comme le désir, l'envie de partage, la tendresse, la complicité, la sensualité... et le plaisir, bien entendu.

Les techniques détaillées plus haut ne doivent pas faire oublier que si l'énergie sexuelle est la plus puissante de tous vos tan tien, c'est aussi parce qu'elle fait appel à votre cœur.

Lorsque vous faites l'amour, vos émotions sont à leur paroxysme. Vous donnez et vous recevez, et l'échange amoureux, émotionnel et physique ainsi mis en place correspond à l'harmonie ultime du Tao.

*« Pendant l'amour, l'homme prend le yin qui lui manque et la femme, le yang dont elle a besoin. »*

Gérard Edde.

C'est l'union parfaite...

La recherche du plaisir est donc au centre du Tao sexuel. Vous pouvez constater que l'homme et la femme n'ont pas le même « rythme ». Plus rapide, l'homme atteint assez vite l'orgasme, et éjacule alors que la femme, le plus souvent, n'a pas le temps d'éprouver grand-chose : c'est là l'écueil que cherche à éviter à tout prix le Tao.

Pour que l'acte sexuel soit bénéfique et produise l'énergie souhaitée, le plaisir doit être partagé.

Il est donc recommandé de multiplier les orgasmes pendant l'acte, pour augmenter l'énergie sexuelle.

Etre à l'écoute de son corps et de celui de sa ou son partenaire, maîtriser son éjaculation pour atteindre plusieurs orgasmes et en donner à votre amant(e), toutes les techniques Taoïstes tendent vers ce but : donner et recevoir le maximum de plaisir, car c'est ce plaisir qui va produire l'énergie extraordinaire de tan tien.

C'est pourquoi le Tao consacre une partie de ses exercices et de ses techniques à apprendre aux hommes comment donner du plaisir aux femmes...

## L'ENERGIE SEXUELLE DE LA FEMME

N'oubliez pas que c'est la circulation de l'énergie entre l'homme et la femme qui va permettre aux amants d'atteindre l'équilibre parfait.

Je vous ai déjà parlé en détail du yin et du yang. Par nature, la femme est donc yin : associé à la douceur, à la passivité et la réceptivité, le yin a besoin du yang – l'action, la lumière – pour trouver son équilibre.

C'est pourquoi l'homme – yang – doit se retenir pour atteindre le yin de sa partenaire tandis que la femme doit, elle, apprendre à libérer sa propre force pour atteindre le yang.

On peut comparer ceci à deux moteurs, l'un diesel et l'autre turbo !

L'énergie sexuelle de la femme est aussi intense que celle de l'homme, mais n'a donc pas la même nature. L'homme doit conserver son sperme, lorsque la femme doit éjaculer plusieurs fois pour augmenter son yin.

Le clitoris, que le pénis ne peut atteindre, est un organe sexuel de choix pour obtenir cette précieuse éjaculation féminine. De même, on optera pour les positions qui permettent à la verge du partenaire un contact direct avec le point G : la femme assise sur l'homme, ou allongée avec les jambes remontées.

Le but, vous l'avez compris, est de favoriser l'orgasme féminin avec éjaculation, tout en permettant à l'homme des orgasmes multiples sans éjaculation.

Ainsi, grâce à l'harmonie totale entre les deux partenaires et la qualité extrême de l'échange, l'énergie sexuelle produite sera multipliée à l'infini...

## UNE ENERGIE QUI SE DEMULTIPLIE ENSUITE AU QUOTIDIEN

L'intérêt principal de l'énergie produite par ce tan tien est que vous pouvez l'utiliser ensuite presque sans restriction.

Tout d'abord, en ayant de multiples orgasmes sans éjaculation chez l'homme, l'énergie sexuelle va se diffuser immédiatement dans chacune des cellules de votre organisme pour venir pallier aux défaillances des organes malades.

Par ailleurs, je suis certain que vous en avez déjà fait l'expérience, même sans la maîtrise Taoïste : l'exquise sensation de bien-être et de plénitude que l'on ressent après avoir – bien – fait l'amour fait partie des éléments les plus magiques de la sexualité.

Amoureux, ayant donné et reçu un plaisir extraordinaire, nous nous sentons régénérés, à la fois apaisés et pleins de vitalité. C'est là le secret de l'énergie sexuelle : elle ne fait pas uniquement appel à nos sens et à notre corps, mais également à nos émotions et à notre cœur.

Revenons rapidement à l'éjaculation masculine, ou plutôt à son absence dans le taoïsme, si contraire à nos mœurs occidentales.

Il est dit que l'éjaculation laisse l'homme épuisé. Si nous avons tant de mal à concilier la non-éjaculation avec le plaisir, c'est tout simplement parce que nous confondons l'orgasme avec l'éjaculation.

En maîtrisant votre corps, vous obtiendrez des orgasmes multiples pendant le même rapport sexuel, des orgasmes d'une qualité physique et émotionnelle bien supérieure à ce que vous avez connu jusqu'ici !

Dans l'idéal, le Tao préconise ceci :

- Un homme de vingt ans ne doit pas dépasser plus d'une éjaculation tous les quatre jours.
- De trente à quarante ans, il peut éjaculer une fois tous les huit jours.
- A partir de quarante ans, ce sera tous les dix jours.
- De cinquante à soixante ans, un homme éjaculera une fois tous les vingt jours.
- Et après soixante, il n'y aura plus d'éjaculation du tout.

Par ailleurs, l'énergie sexuelle peut être utilisée « à la demande » dans votre vie quotidienne.

Il vous suffit pour cela de vous sentir excité – par un homme ou une femme, un fantasme, une image, une photographie, un souvenir... – et de contenir votre excitation pour la diriger ensuite vers votre cerveau, par exemple : vous pouvez ainsi gérer au mieux une charge de travail supplémentaire.

## EXERCICE PRATIQUE 1 : LE KUNG-FU SEXUEL

Il ne s'agit pas ici d'un art martial érotique ! Littéralement, « kung fu » signifie « pratique », il n'est donc pas question de performances sportives.

Le Tao regorge d'exercices spécifiques liés à l'amélioration de vos performances sexuelles, toutes basées sur le même principe : la maîtrise de votre Qi.

La première partie de cet exercice s'adresse aux hommes, et l'autre aux femmes.

• **Commençons par la gent masculine :**

Extrait de *« Du tao sexuel au tantra »* de J-P Krasenski, Editions Charles Antoni, L'Originel, 1998.

Assis confortablement, le dos bien calé.

Vous allez commencer par inspirer largement par le nez, une grande inspiration que vous faites ensuite descendre jusqu'au ventre en visualisant l'air comme un grand souffle d'énergie. Le Qi envahit vos intestins, votre estomac, votre bas-ventre, et vos organes sexuels.

Vous allez maintenant presser, avec les doigts de votre main gauche, le point névralgique situé entre votre anus et votre scrotum. Ce point, qui forme un léger creux, vous permet de « fixer » le Qi dans votre pénis.

Tout en maintenant cette pression, vous utilisez votre main droite pour prendre votre pénis et le tirer légèrement en cadence une dizaine de fois. Vous le tendez ensuite vers la gauche, puis vers la droite, toujours en rythme, pendant que votre pouce en stimule l'extrémité jusqu'à obtenir une érection.

Vous allez ensuite faire circuler le Qi jusqu'à l'extrémité de votre pénis en l'encerclant de vos doigts – pouce et index formant un cercle serré – depuis la base. Vous étirez doucement votre membre jusqu'à trois centimètre environ.

Maintenant, vous continuez à étirer votre pénis vers la droite, en formant des cercles resserrés une dizaine de fois ; avant de recommencer du côté gauche.

Pour le dernier mouvement, vous refaites l'exercice en frappant – avec douceur ! – votre membre contre l'intérieur de votre cuisse dix fois, dans un sens puis dans l'autre.

Vous pouvez terminer votre entraînement en faisant tremper votre pénis dans une bassine d'eau chaude – bien entendu, la température doit être agréable, ne vous brûlez pas ! Ce « trempage » permettra à l'énergie vitale de bien imprégner votre organe.

Pour la suite de cet exercice, vous avez besoin d'un foulard et d'une bouteille en plastique d'un litre.

Vous allez apprendre à lever un poids grâce à votre Qi, afin de renforcer votre énergie et d'augmenter vos capacités sexuelles.

Pour commencer, vous allez entortiller le foulard pour en faire une sorte de bourrelet de quelques centimètres d'épaisseur.

Vous attachez l'extrémité du foulard autour de la base de votre pénis et de vos testicules, en un nœud qui ne sera pas trop serré.

Vous attachez ensuite l'autre bout du foulard à la bouteille, que vous aurez préalablement rempli d'eau – au quart pour commencer, vous pourrez ensuite la remplir davantage au fur et à mesure que vous maîtriserez la technique.

Votre position sera debout, vos pieds écartés dans l'alignement de votre bassin, et vos genoux un peu fléchis. Essayez d'adopter la position la plus stable possible sans être figé – et surtout pas contracté !

Vous laissez pendre la bouteille entre vos cuisses en vous concentrant. Laissez vos pensées dériver sans y accorder d'importance, et respirez profondément, lentement, pour oxygéner tout votre organisme et faire circuler librement le Qi.

A chaque fois que vous inspirez, vous allez solliciter votre muscle PC en le contractant. Vous soulevez, autant que vous le pouvez, la bouteille sans faire bouger votre bassin ou en contactant vos abdominaux : vous restez immobile, en visualisant le Qi en une boule d'énergie douce et lumineuse qui envahit votre corps jusqu'au sommet de votre tête. En expirant l'air de vos poumons, vous allez décontracter votre muscle PC, en visualisant le Qi redescendant jusqu'à votre périnée.

Vous recommencerez une vingtaine de fois, sans relâcher votre concentration.

Il s'agit d'un exercice de longue haleine, ne tentez pas de réaliser un exploit sportif ! Si vous n'êtes pas déjà familiarisé avec ces techniques, il y a peu de chance pour qu'au début, la bouteille se soulève beaucoup… Mais même si elle ne bouge pas d'un iota, ne vous découragez pas pour autant. C'est par la répétition, et la concentration, que vous atteindrez votre objectif.

Cet exercice est extrêmement efficace pour vous apprendre à maîtriser votre Qi et votre tan tien sexuel. Au fur et à mesure que vous obtiendrez des résultats, vous pourrez remplir un peu plus la bouteille.

• **Abordons maintenant la partie consacrée aux femmes, appelée « entraînement du lotus rouge ».**
Le but de cet exercice est bien entendu de maîtriser parfaitement votre Qi, et les contractions vaginales autour du pénis de votre partenaire. Il était utilisé par les Geishas japonaises, et le Tao l'a perfectionné afin d'apprendre aux femmes à contrôler leur muscle PC… et l'utilisation de leur Qi, bien sûr.

L'instrument utilisé sera l'équivalent de l'œuf de jade des geishas, qui s'en servaient pour entraîner les muscles de leur vagin à accueillir au mieux le membre de leur partenaire. Vous pouvez utiliser les fameuses « boules de geishas », que vous trouvez aujourd'hui dans le commerce spécialisé.

Position : debout, les pieds écartés parallèlement aux épaules, vous fléchissez légèrement les genoux et les chevilles en baissant le menton. Vous veillerez à garder votre cou et votre colonne vertébrale bien droits pour ne pas vous blesser.

Vous commencerez par introduire la boule de geishas dans votre vagin. En inspirant profondément, vous resserrez les muscles externes pour que la boule reste bien dans votre vagin.

Visualisez votre Qi à mesure que vos muscles se contractent et se resserrent autour de la boule de geisha, comme une lumière douce et puissante que vous pouvez contrôler à volonté.

Vous inspirez à nouveau, puis vous contractez l'ensemble des muscles utérins. Au fur et à mesure de vos inspirations, vous allez augmenter la pression musculaire sur la boule jusqu'à sentir que vous maîtrisez bien son maintien en place.

Vous pouvez alors, en vous concentrant et en respirant profondément, à faire descendre, puis remonter la boule le long de votre voie vaginale.

Accélérez le mouvement, puis ralentissez, accélérez de nouveau : vous devez ensuite déplacer la boule de gauche à droite de votre vagin tout en continuant le va et vient.

Vous faites descendre la boule jusqu'à l'entrée de votre vagin, sans la laisser ressortir, puis vous la faites remonter le plus haut possible en la déplaçant de gauche à droite… et inversement.

Vous l'avez compris, le but de cet exercice est de vous faire acquérir une maîtrise parfaite de vos muscles PC. Cela peut demander plus ou moins de temps et je vous conseille, là aussi, de ne pas vous décourager si vous n'y arrivez pas de prime abord, ce qui est tout à fait normal !

## EXERCICE PRATIQUE 2 : LE CERF

Cet exercice renforce les tissus des organes sexuels. Il accentue la circulation sanguine en particulier dans les organes génitaux et la région pubienne, renforce les capacités sexuelles, augmente la fertilité, retarde l'éjaculation chez l'homme, lui garantit un bon fonctionnement de la prostate, permettant ainsi de prolonger l'orgasme.

Il favorise également l'accumulation de l'Energie sexuelle, renforce les muscles de l'anus et du rectum, prévient et guérit les hémorroïdes…

Chez la femme, il fait disparaître les problèmes du cycle, le syndrome prémenstruel, raffermit et « énergétise » le vagin dont il renforce la musculature, stimule la production d'œstrogènes et les répand dans tout l'appareil sexuel. Il atténue tous les effets de la ménopause.

Il peut aussi interrompre les règles, faisant disparaître la perte mensuelle de sang, donc d'énergie et de substances nutritives. Cet effet n'est en aucune façon permanente : il suffit de l'interrompre pour que les règles reviennent et que la femme soit à nouveau fécondable.

Notez bien qu'une femme enceinte ne peut pas le pratiquer, sous peine d'accouchement prématuré.

- **Pratique masculine**

**PREMIÈRE ÉTAPE**

▶ Frottez-vous vigoureusement les mains l'une contre l'autre.

▶ Entourez vos testicules de la main droite de façon à ce que la paume les recouvre complètement. N'exercez pas de pression vigoureuse, mais une légère pression laissant une impression de chaleur.

▶ Placez la paume gauche à deux centimètres environ sous le nombril.

▶ En exerçant une légère pression, faites quatre vingt mouvements de rotation dans le sens des aiguilles d'une montre.

▶ Re-frottez vous les mains et inversez-les. Refaites quatre-vingt rotations dans le sens inverse.

**DEUXIÈME ÉTAPE**

▶ Resserrez les muscles de l'anus, et poussez-les vers le haut et l'intérieur. Correctement effectué, cet exercice vous donne l'impression d'aspirer l'air par le rectum. Serrez aussi fort que vous pouvez, et gardez la position tant que vous ne ressentez pas d'inconfort.

▶ Détendez-vous et recommencez autant de fois que vous le désirez.

Cet exercice peut se faire debout ou couché, ou encore assis, le matin au lever et le soir avant de vous coucher. Je rappelle que cet exercice a pour but de revitaliser les organes sexuels, et par là tout l'organisme ! L'anus, la prostate, la vigueur de votre sexe... Il s'agit de l'un des exercices les plus classiques du Tao sexuel.

Simple à pratiquer, il peut vous apporter de nombreux bienfaits, et pas uniquement en termes de performance sexuelle. Votre dynamisme général, votre état de santé et votre bien-être en seront améliorés de manière surprenante.

• **Pratique féminine**

**PREMIÈRE ÉTAPE**

▶ Asseyez-vous de manière à presser le talon contre le clitoris en appuyant suffisamment pour y ressentir une forte pression continue. Si vous ne parvenez pas à placer le pied correctement, placez un objet rond et dur, comme une balle de tennis.

▶ Frottez les mains vigoureusement l'une contre l'autre. Placez-les sur les seins et sentez leur chaleur pénétrer la peau.

▶ Frottez les seins lentement, dans un mouvement circulaire vers l'extérieur, la main droite dans le sens des aiguilles d'une montre, la main gauche dans le sens inverse. Évitez de toucher les mamelons et inversez les mains. Refaites quatre-vingt rotations dans le sens inverse.

**Deuxième étape**

▶ Resserrez les muscles de l'anus, poussez les vers le haut et l'intérieur.

▶ Correctement effectué, cet exercice vous donne l'impression d'aspirer l'air par le rectum. Serrez aussi fort que vous pouvez et gardez la position tant que vous ne ressentez pas d'inconfort.

Pratiqué régulièrement et de manière récurrente, cet exercice permet aux femmes de stopper leurs règles, aussi longtemps qu'elles le désirent !

Cela n'aura aucune incidence sur votre santé, bien au contraire : les taoïstes considèrent que la perte mensuelle de sang chez les femmes est une très importante cause de perte d'énergie.

Si vous souhaitez tomber enceinte, il vous suffit d'arrêter la pratique de ces exercices, et vos règles reviendront. Dans tous les cas, les troubles liés à la menstruation seront atténués de manière significative !

L'exercice du Cerf est recommandé à tous, hommes et femmes, aussi bien pour développer votre potentiel sexuel que pour obtenir la guérison de nombreux maux : il favorise en effet l'immunité, en « boostant » l'organisme en général.

# *Votre énergie mentale*

Dans ce chapitre, nous allons aborder le tan tien de votre cerveau, dont je vous ai rapidement parlé dans la première partie.

Il y a deux choses principales à prendre en compte : le fonctionnement de votre tan tien et ses spécificités, et le principe de la « pensée positive » telle qu'appliquée par les Taoïste.

Je vous ai déjà parlé, rapidement, du tan tien de votre cerveau, qui fonctionne un peu « à la demande ». En fait, il s'agit surtout de bien comprendre que vous alimentez le Qi mental lorsque vous faites fonctionner vos cellules grises, mais dès que vous cessez toute activité cérébrale, ce Qi n'est plus produit – contrairement à votre énergie sexuelle, par exemple. Par contre, elle a un intérêt majeur : vous pouvez là aussi y faire appel sur simple volonté de votre part. Il vous suffit...de réfléchir !

En vous concentrant sur une activité mentale – rédiger un rapport, faire un calcul, un compte-rendu, résoudre un problème... – ou en vous divertissant de manière intellectuelle – la lecture reste le meilleur exemple – vous produisez de l'énergie.

Votre Qi ainsi alimenté va vous permettre d'être plus performant mentalement, plus créatif aussi. Cette énergie, ce Qi, sera également utilisable pour l'ensemble de votre organisme car elle se diffusera dans toutes les cellules de votre corps.

Donc, votre Qi est alimenté par vos pensées. Cette capacité à penser n'est certes pas anodine, bien au contraire ! Nous allons voir pourquoi dès à présent.

## COMMENT VOUS DEBARRASSER DE VOS PARASITES MENTAUX

Nous « pensons » quasiment à chaque seconde de notre vie, du moins en état de veille.

Sans même en avoir conscience, comme une sorte de monologue intérieur et incessant. Interrogations, avis, projections, opinions, rêves, espoirs, craintes, angoisses... Notre Qi est en fait alimenté en permanence !

Mais pas forcément de la bonne manière.

Car exactement de la même manière que nous pouvons produire des émotions dites « négatives », nous allons également bloquer notre Qi par des pensées parasites.

Qu'est-ce que les pensées parasites ? Il en existe de plusieurs sortes, bien entendu. Voyons les quatre types de pensées :

- **Les nécessaires**

Ce sont celles qui vous allez utiliser dans votre vie quotidienne.

Qu'est-ce que je vais dire à mon patron pour le convaincre de m'accorder un congé exceptionnel ? Qu'est-ce que je vais porter aujourd'hui, sachant qu'il va faire très chaud ? Il s'agit d'un processus mental faisant appel à votre volonté, pour obtenir un résultat précis.

- **Les inutiles**

Elles sont souvent une projection dans notre futur – qu'est-ce que je ferai quand... ? – ou des incursions

dans notre passé – je n'aurais pas dû dire ça.
Elles ne sont ni négatives ni positives, mais ne produisent rien et « encombrent » votre esprit, brouillent votre Qi.

• **Les négatives**

Vous les connaissez, les « je suis vraiment nul, je n'arrive à rien », ou les « de toute façon je m'y attendais »... les exemples sont légion !
Elles sont le plus souvent liées à nos émotions, découragement, colère, déception. Inutile de vous dire qu'elles sont « toxiques ».

• **Les positives**

Il s'agit avant tout d'un état d'esprit, qui va vous pousser à chercher des solutions ou tirer des enseignements d'une situation.
Ce type de pensée – « je suis capable d'y arriver », « je ferai mieux la prochaine fois », etc. – est un moteur précieux pour votre Qi. Une véritable nourriture mentale !

Ce qu'on appelle les « pensées parasites » sont donc constituées des inutiles, qui encombrent, et des négatives, qui vous bloquent.

Le problème est que nous avons tous tendance à nous dénigrer, ou à porter des jugements à tort et à travers, ou encore à nous projeter dans un futur hypothétique ou ressasser notre passé. Il est donc très important de maîtriser l'art de la pensée positive pour alimenter votre tan tien et rééquilibrer votre énergie.

## APPRENEZ A MAITRISER LA RELAXATION

Le Tao est avant tout la recherche de l'harmonie, de la libre circulation des énergies.

Pour que votre énergie mentale soit harmonieuse, il vous faut donc apprendre à vous débarrasser des pensées parasites pour ne faire place qu'aux pensées « utiles » et bien sûr « positives » !

La première étape est très simple : vous devez commencer par prendre conscience de ces pensées parasites… et ne plus leur donner prise.

Ce qui peut sembler une entreprise extrêmement ardue, mais il vous suffit pour cela d'apprendre la relaxation.

Comment procéder ?

Vous allez commencer par faire « le vide » dans votre esprit, de la manière suivante :

Dans une pièce calme et aéré, où vous ne serez pas dérangé, installez-vous confortablement.

Vous pouvez être assis sur une chaise – un dos bien droit permet un bon ancrage avec le sol et les énergies terrestres – ou allongé, si vous ne choisissez pas votre lit où vous allez sûrement vous endormir !

Après avoir fermé les yeux, vous allez respirer profondément, lentement, en vous concentrant sur votre plexus solaire.

Essayez de respirer en gonflant le ventre à son maximum, puis expirez à fond en creusant votre abdomen.

Quelques minutes suffisent en général pour atteindre un niveau satisfaisant de relaxation.

Une fois bien détendu, reprenez une respiration normale… et écoutez-vous penser. Ce n'est pas une figure de style : écoutez-vous vraiment penser !

Si vous êtes bien attentif, vous allez être surpris. C'est un véritable monologue, incessant, une « petite voix » qui ne se tait que lorsque vous dormez... ou lorsque vous apprenez à la faire taire.

Pour le moment, contentez-vous de l'écouter, en essayant de ne vous arrêter à aucune de ces pensées en particulier. Laissez vos pensées jaillir, et disparaître d'elles-mêmes.

Cet exercice très simple peut, en fait, être très difficile à réussir au début de votre pratique. Il s'agit là de la base de la relaxation, et de la préparation classique à la méditation.

Ne vous laissez pas décourager si vous ne parvenez pas à « laisser filer » vos pensées, qui vont sans doute générer des réactions involontaires et des émotions diverses. Ce sera avec la pratique que vous y parviendrez, petit à petit.

Vous pouvez, si vous vous sentez envahi, reprendre une série de respirations ventrales, profondes, pour retrouver votre état de détente, puis reprendre votre observation mentale.

Ne cherchez pas à contrôler vos pensées, pas encore ! Nous y viendrons plus tard.

Pour le moment, tentez d'obtenir ce que tout adepte de la méditation cherche à atteindre à chaque séance : le silence intérieur.

Vous pouvez, après avoir « écouté » vos pensées, tenter le grand saut en essayant de ne penser à rien... Je ne vous le conseille pas pour commencer.

C'est en effet très difficile à obtenir pour les non initiés.

Je vous invite plutôt, pour ce premier essai, à vous concentrer sur une image mentale agréable.

Ça peut être un paysage, une vision imaginaire, un souvenir, peu importe : vous devez y trouver le bien-être et la quiétude…

En vous concentrant sur cette image, vous allez « court-circuiter » votre monologue intérieur et trouver ce fameux silence intérieur.

Il sera temps plus tard de l'obtenir par la seule force de votre volonté. Pour le moment, concentrez-vous et savourez votre silence.

Votre Qi est prêt à circuler librement.

## L'ART DE LA PENSEE POSITIVE

Cet exercice est très important pour les chapitres qui vont suivre, et malgré sa simplicité apparente très complexe à atteindre !

Je vous invite à le pratiquer régulièrement pour atteindre le calme mental si propice au développement de la pensée positive.

Rappelez-vous que la pensée alimente votre Qi mental, et que les pensées parasites et négatives bloquent votre énergie. La pratique de la pensée positive vous permettra de vous « énergiser » en profondeur et préparera le terrain pour la Loi de l'attraction. Mais nous y viendrons plus tard.

Pour le moment, concentrons-nous sur la pensée positive.

Le Tao est l'art de vivre au présent, en harmonie avec votre quotidien et vos actes de chaque jour.

Comment rendre cette harmonie compatible avec notre besoin incessant de nous projeter dans notre futur, ou de revenir sans cesse sur nos actions passées ?

C'est vraiment l'art du zen : pas demain, pas hier, mais maintenant.

La pensée positive débute avec le refus de la projection ou du retour en arrière. Soyez attentif à chaque pensée du style : « quand je gagnerai mieux ma vie », « si je peux sauver mon couple », « mes parents me l'avaient bien dit »… et stoppez-les d'office !

Vous vivez ici et maintenant, et toute l'énergie mentale et émotionnelle que vous mettez dans vos projections et vos regrets est d'autant plus indisponible pour ce que vous vivez aujourd'hui.

La pensée positive est aussi un acte conscient, volontaire. Ce peut être des affirmations, qui viennent contrecarrer toutes les pensées négatives que vous pouvez nourrir sur vous-même ou l'existence. Une sorte de mantra – par exemple répéter chaque matin devant sa glace : « Je suis capable de réussir ce test » – sera beaucoup plus efficace que vous complaire dans l'angoisse de l'échec !

C'est aussi ça, la magie du Qi : être à l'écoute de soi, puis reprendre les rênes pour rééquilibrer l'énergie intérieure.

Donc, quelques règles simples pour vous aider à maîtriser la pensée positive :

- **Pratiquez régulièrement la relaxation décrite plus haut**, en vidant votre esprit et en faisant le vide. Je vous conseille de vous y exercer trois à quatre fois par semaine environ, pour une meilleure acquisition des bases.
- **Soyez attentif à votre dialogue intérieur pendant vos états de veille** et bloquez toute pensée parasite dès son émergence. En pratiquant régulièrement l'exercice

du « vide intérieur », vous constaterez que cela vous sera de plus en plus facile.

- **Répétez chaque matin, au réveil et avant de vous endormir, une phrase positive** – par exemple : « je garde toujours mon calme », « je suis parfaitement détendu », ou encore « Je suis tout à fait capable de réussir cet examen ». Je reviendrai sur le pouvoir de l'esprit sur la matière dans le sixième chapitre, mais sachez déjà que cette pratique très simple peut vous apporter des résultats étonnants.
- **Et, de manière générale, essayez de voir votre verre à moitié plein**... C'est par votre état d'esprit positif que vous enrichirez votre Qi, et que vous laisserez l'énergie circuler librement. C'est un choix conscient, volontaire, à faire à chaque instant de votre vie quotidienne !

En appliquant ces quelques règles, vous pourrez constater une amélioration immédiate sur votre façon de vivre les choses. Une énergie renouvelée, une combativité accrue, et un bien-être général qui vous aideront à combattre l'ennemi numéro un de nos sociétés modernes : le stress.

## LA GESTION DU STRESS

Vous vous doutez bien que votre état d'esprit va influencer énormément votre capacité à faire face à des situations stressantes.

J'ai choisi de consacrer un sous-chapitre particulier au stress, car sa gestion rentre parfaitement dans le cadre du Tao. Voilà pourquoi : le Tao, vous l'avez vu, est la recherche constante de l'équilibre, de l'harmonie.

Or, ce que l'on appelle communément le stress est justement la réponse immédiate de l'organisme à un changement. Quel que soit ce changement !

Lorsque vous sortez de chez vous pour aller travailler, et qu'il fait un froid terrible, vous allez être stressé… Bien entendu, vous ne vous en rendez même pas compte, puisque vous êtes conçu pour y faire face. En général, on ne prend conscience que de deux types de stress :

- **Les alertes extrêmes** : soit les dangers de mort, ou les chocs psychologiques intenses comme les deuils par exemple
- **Les alertes continues** : soit si la situation stressante ne disparaît pas et que vous devez y faire face tous les jours. Je peux citer comme exemple les cas de conflits permanents, professionnels ou personnels.

Ces deux situations provoquent une réaction massive de votre organisme, qui ne passe pas inaperçue.

Mais la majorité du temps, vous êtes en état de stress quasi permanent sans même vous en rendre compte, tout simplement parce que chaque cellule de votre corps est programmée pour le gérer.

Pour faire simple, je peux résumer le stress par : une demande d'adaptation permanente aux évènements… A chaque changement – température extérieure, faim, soif, etc. – le corps doit s'adapter pour retrouver son équilibre interne.

En médecine, on nomme ce phénomène l'homéostasie.

Le problème se pose lorsque la pression est trop forte, que les sources de stress deviennent trop nombreuses et épuisent les ressources de votre organisme.

C'est bien là l'essence même du Tao et des clefs de l'énergie : avoir des ressources presque illimitées pour faire face, sereinement, à tout type de situation.

En pratiquant régulièrement, en prenant soin de vos tan tien et en observant quelques règles, vous serez à même de disposer de cette source d'énergie illimitée. Nous avons déjà parlé de votre énergie sexuelle, maintenant de votre énergie mentale ; et nous aborderons bientôt le tan tien de votre cœur.

Par ailleurs, vous disposez également d'une autre source, étonnante pour nos sociétés occidentales modernes.

Les Taoïstes la nomment « hygiène mentale »…

## L'HYGIENE MENTALE

Aussi étonnant que cela paraisse, l'hygiène mentale est… la spiritualité.

Le Taoïsme n'est pas une religion, pas plus qu'un dogme ou une croyance. Il accepte toutes formes d'obédiences ou de cultes, et peut englober à peu près toutes les formes de spiritualité.

L'important est d'en avoir une… Et vous serez sans doute d'accord avec moi pour dire que ce Siècle, du moins pour les occidentaux aisés, n'est certes pas fondé sur la spiritualité !

Pourtant, le Tao l'inclut comme une forme d'hygiène. Pourquoi ?

Empreint de mysticisme, le Tao est en même temps directement connecté avec le réel, le quotidien.

Apprendre à bien faire l'amour par exemple, comme nous l'avons vu au chapitre précédent, ne constitue pas seulement une sorte d'approche technique et froide avec un objectif précis en tête. Cela fait partie du processus, mais c'est bien plus que cela : c'est faire partie d'un tout.

L'énergie, que nous cherchons aujourd'hui à mieux

maîtriser et développer, est présente partout dans l'univers. Tout ce qui vit et respire est connecté au Tao ! Pour s'en convaincre, il suffit de lire quelques vers de Lao Tseu, le père du Taoïsme :

*« Vivant, un homme est souple et doux,*
*Dans la mort, il est rigide et dur.*
*Toutes les créatures, l'herbe et les arbres, vivantes ont des formes souples,*
*Mortes, elles sont sèches et friables.*
*L'implacable rigueur est la marque de la mort,*
*La souple douceur est la compagne de la vie.*
*Les soldats rigides n'obtiennent pas la victoire;*
*L'arbre le plus dur est prêt pour la hache.*
*Le fort et le puissant s'écroulent de leur piédestal;*
*La souple et le doux s'élèvent au dessus d'eux. »*

La recherche de l'harmonie dans les contraires, la connexion de tout être vivant, le respect de toute forme de vie et de la quête sinon d'immortalité, du moins de longévité, est une recherche spirituelle qui enrichit notre quotidien d'une dimension qui, si elle nous semble étrangère, est tout à fait familière au Taoïsme. C'est l'hygiène mentale.

## EXERCICE PRATIQUE 1 : LE DRAGON, LE TIGRE, L'OURS, L'AIGLE ET LE SINGE

Cette série de petits exercices très simples et rapides vous sera utile aussi bien pour améliorer vos fonctions physiologiques que vos états émotionnels.

Je vous propose une miniature vous décrivant la position à adopter.

A chaque position, pensez bien à respirer en profondeur et à vous concentrer.

• **Dragon**

Cet exercice agit sur votre esprit et vous aide à surmonter vos sentiments de dépression, de colère, d'angoisse et d'hostilité. Il équilibre votre cœur, les vaisseaux sanguins et l'absorption dans l'intestin grêle.

• **Tigre**

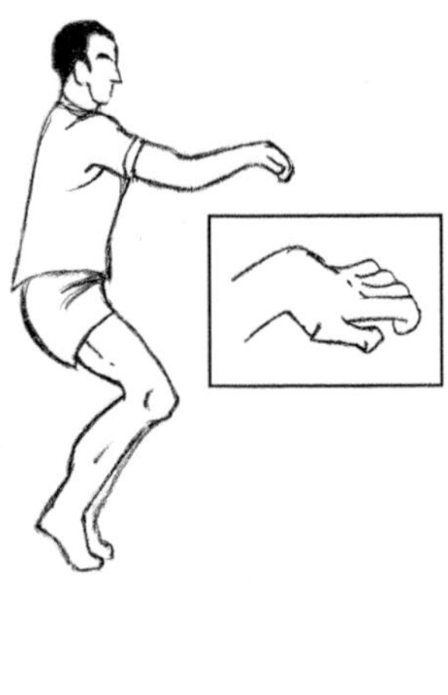

Cet exercice correspond à l'élément bois ; il est donc très efficace pour vos nerfs et la désintoxication de votre foie. Il est bon pour la vésicule biliaire, et pour purger, nettoyer le cerveau et les cellules de l'organisme.

• **Ours**

Cet exercice stimule le processus de la pensée, favorise l'imagination et la création, et vous aide à la prise de décisions. Associé à l'élément terre, il agit sur la production d'enzymes de la rate et du pancréas, et sur le fonctionnement du muscle de l'estomac.

• **Aigle**

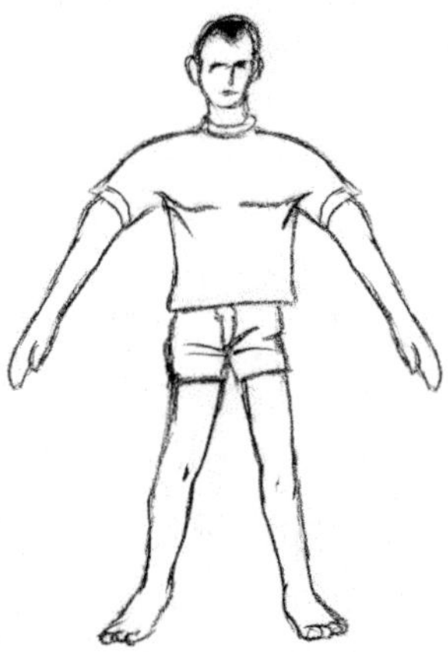

Associé à l'élément métal, il stimule vos poumons, l'épiderme et le gros intestin. Il vous aide à lutter contre la mélancolie, le désespoir et la dépression. Il est recommandé pour le traitement de l'emphysème, de l'asthme et des problèmes de peau.

• **Singe**

Associé à l'élément eau, il stimule les fonctions des reins et de la vessie.

## EXERCICE PRATIQUE 2 : LE SOURIRE INTERIEUR

Ce second exercice, appelé « le Sourire Intérieur », est vraiment un grand classique du Tao. C'est une excellente préparation à la méditation, et il a surtout pour but de régénérer entièrement votre organisme d'une énergie positive extraordinaire.

Voici comment procéder :

Vous pouvez choisir de pratiquer cet exercice assis ou couché, exactement comme lors de l'exercice de relaxation que j'ai abordé précédemment.

Habituellement, le Sourire Intérieur se pratique assis, au bord d'une chaise. Vous posez vos pieds bien à plat sur le sol, le dos droit.

Fermez les yeux et pressez doucement votre langue contre le palais. Joignez fermement vos mains.

Respirez profondément, en gonflant puis en creusant le ventre. Sentez la détente, le bien-être envahir peu à peu chaque cellule de votre corps. Vous vous sentez bien, vous flottez.

Reprenez une respiration normale.

Choisissez maintenant un souvenir aimant : vous prenez soin de quelqu'un, d'un être vivant. Ça peut être un enfant, un animal ou même une plante ! Peu importe ; la seule chose qui compte c'est que vous ressentiez l'émotion, douce et sereine, qui se dégage de cette scène que vous avez vécue.

Sentez votre visage, votre front qui se détend complètement. Imaginez que vous inspirez l'énergie de la compassion, en prenant un point d'ancrage situé entre vos sourcils.

Cette source d'amour, lumineuse, douce, se diffuse depuis ce point d'entrée à chaque inspiration jusque dans tout votre corps, sous la forme d'un sourire.

Ce sourire va s'étendre, de votre visage à votre cou, votre torse, votre cœur. Une lumière rouge, vibrante et chaude, se matérialise au passage de ce Sourire. Ressentez ce sourire profondément, intensément !

Il est maintenant dans vos poumons, et c'est une lumière blanche et pure qui l'accompagne. Puis votre plexus solaire, votre foie, vos intestins, votre système digestif : votre Sourire est maintenant auréolé d'une lumière jaune, pleine de vitalité et de joie.

Ce sont vos reins maintenant qui reçoivent votre Sourire, avec une lumière d'un bleu profond, relaxant. Finalement, amenez l'énergie du sourire dans votre vessie et vos organes sexuels. Terminez en amenant ce sourire en dessous du nombril, quelques centimètres sous la peau.

Alors que vous faites circuler ce sourire, soyez attentif au sentiment que chaque organe sourit en retour. Prenez le temps pour que ceci puisse se produire.

Alors que vous continuez à étendre le sourire dans votre corps en provenance d'une source infinie d'amour et de guérison, imaginez que le sourire émerge de votre corps et remplit l'air autour de vous, puis la pièce entière.

Imaginez que le sourire continue à s'étendre à toute la région, au pays entier, aux océans et continents. Alors que le Sourire continue de s'étendre à tout le globe terrestre, restez attentif à votre corps.

Vérifiez s'il y a un endroit de votre organisme où il y a un excès d'énergie – peut-être ressentie sous forme de tension – et ramenez-la au-dessus du nombril, ressentant sa pulsation comme une source infinie de vitalité.

# *Votre corps : sport et performances*

Vous êtes maintenant bien entraîné pour accroître les capacités de vos tan tien sexuel et mental.

Avant d'aborder le dernier tan tien, celui du cœur et des émotions, je souhaite tout d'abord vous parler d'un domaine particulier : le sport, et les performances sportives.

C'est à mon sens un beau défi : comment faire cohabiter la recherche de la performance physique, le dépassement de ses limites, avec l'harmonie totale prônée par le Tao ?

En fait, Tao et sport font très bon ménage. Il n'y a qu'à observer des pratiquants du Kung Fu pour s'en convaincre !

Voyons ensemble comment le Taoïsme peut vous aider à améliorer vos performances sportives.

## LA SANTE ET LE SPORT

Nous avons une image idéalisée des athlètes. Pour les non-initiés, il s'agit surtout d'atteindre la perfection musculaire et technique propre à chaque activité, le geste parfait allié au corps parfait pour ce geste.

Nos tabloïds sont emplis d'images de ces hommes aux corps de rêve, ces statues grecques aux muscles saillants.

Mais qu'en est-il dans la réalité ? La pratique sportive intensive est un facteur d'usure important, et irréversible. Les accidents – cartilages, tendons, muscles –

sont souvent fatals aux carrières des sportifs amateurs comme professionnels, et comment ne pas parler des ravages du dopage dans presque toutes les disciplines de haut niveau ?

Pour dépasser ses limites, le sportif se dope et s'abîme... Bref, il n'y a guère d'énergie positive là-dedans !

Pourtant, l'activité sportive, même intense, peut être un véritable réservoir de Qi. Il suffit simplement de respecter certaines conditions.

## LA PERFORMANCE ET SES LIMITES

Si le Tao cherche l'harmonie, et si le sport à haut niveau reste un stress permanent, comment concilier les deux ? En fait, c'est très simple : ce n'est qu'une question de respect de soi.

Lorsque vous développez vos capacités énergétiques, grâce aux exercices destinés à assainir et à entraîner vos tan tien, vous augmentez dans le même temps vos capacités physiques, mentales et émotionnelles.

Votre Qi circule librement, et vous donne accès à une énergie illimitée qui va vous être précieuse lors de votre recherche de performances sportives !

Le tout est de parvenir à un savant équilibre entre le dépassement de soi et le respect de soi.

Je m'explique : dépasser ses limites ne signifie pas – pas forcément – vous faire violence ! Le problème majeur posé par le sport à haut niveau est qu'il sollicite de manière exagérée votre organisme : les muscles, tendons, cartilages etc., mais également la pression de la « réussite à tout prix ».

Pour trouver cet équilibre, il vous faut respecter deux fondamentaux :

- **la progression**
- **la préparation**

La première vous permettra de développer vos performances sans « passer en force » et risquer de vous blesser.

La seconde sera véritablement la pierre d'achoppement de votre entraînement : une préparation respectueuse de votre organisme physique, et une solide préparation mentale seront vos atouts principaux.

Je vous invite à pratiquer régulièrement l'un des premiers exercices que je vous ai proposés, celui appelé « les huit pièces de brocard » : cet exercice très complet vous permet une mise en condition idéale avant toute pratique sportive.

N'oubliez pas que le Tao est avant tout un équilibre – équilibre corps-esprit-cœur –, mais aussi équilibre entre vos énergies, entre vous et le monde, etc.

L'exercice des huit pièces de brocard vous permet de préparer les différentes parties de votre corps à une activité physique, quelle qu'elle soit.

Ensuite, votre préparation mentale : c'est votre cerveau qui va entrer en lice, si je puis dire. La préparation d'un sportif est une sorte de programmation mentale, destinée à le mettre en condition… pour réussir.

La pratique du Tai Chi Chuan, que vous allez voir tout de suite, permet d'orienter les énergies Yin ou Yang dans les parties du corps que vous souhaitez renforcer.

Vous pourrez ainsi favoriser la puissance ou la vitesse de certaines parties de votre corps – les muscles des cuisses, par exemple, pour un sprinter – ou la souplesse, l'endurance, etc.

Dans l'entraînement « traditionnel » des sportifs de haut niveau, c'est en effet l'augmentation de la masse musculaire qui est recherchée.

Mais si votre Qi est déséquilibré, par la défaillance d'un organe par exemple, ou par une trop forte sollicitation, vous aurez du mal à atteindre votre objectif. Par ailleurs, le volume de vos muscles ne vous en garantira pas la puissance espérée ! Rééquilibrer harmonieusement vos énergies est un pré-requis indispensable.

Dans l'espoir de perdre leur masse graisseuse, beaucoup – amateurs comme professionnels – s'épuisent dans des pratiques comme le jogging, le fitness, la musculation intensive… La lenteur des résultats, ou leur absence, et la fatigue engendrée a souvent de quoi décourager les plus motivés d'entre vous !

En fait, vous êtes simplement dans un état de vide énergétique. Sans une circulation harmonieuse de votre Qi, votre énergie va s'épuiser et vous n'obtiendrez pas les résultats attendus. Ou, pour les obtenir, vous allez épuiser vos réserves et risquer un accident, ou une usure physique parfois irréversible.

Le Qi est la base de toute transformation, ne l'oubliez pas !

Dans l'effort physique nécessaire à la recherche de toute performance sportive, seul le Qi « en surplus » doit être utilisé.

Votre Qi doit avant tout vous servir au fonctionnement harmonieux de tout votre organisme : vos fonctions corporelles classiques, comme la respiration, le fonctionnement cellulaire, le rythme cardiaque, l'échange des fluides etc. sont privilégiées et l'énergie nécessaire à ce fonctionnement parfait ne doit en aucun cas être détournée au profit d'une performance quelconque.

Pour dépasser vos limites, vous devez donc produire tout simplement plus de Qi, et c'est cette énergie supplémentaire que vous allez pouvoir utiliser.

Vous pouvez le constater dans la maîtrise de certains arts martiaux orientaux, les exploits et les performances sportifs sont parfois stupéfiants, presque incroyables. Il ne s'agit pas de magie !

Simplement d'une maîtrise parfaite du Qi. Des techniques qui renforcent l'ossature et la musculature pour la rendre presque invulnérables, ou encore les « projections du Qi » permettant d'atteindre un adversaire sans le toucher, sont autant de techniques extrêmement précises et efficaces et tendent toutes vers un seul but : acquérir cette maîtrise parfaite.

Votre corps est le réceptacle de la transmutation du Qi. Les graisses se transforment en muscles, les muscles en mouvements, les mouvements en élans dynamiques, les élans dynamiques produisent de l'énergie… etc.

## LA PRATIQUE DU TAI CHI CHUAN

Le Tai Chi Chuan est ce que les Taoïstes nomment un « art martial interne », c'est-à-dire une pratique basée sur l'énergie vitale – votre Qi. Il existe en effet les « arts martiaux externes », comme le Kung Fu par exemple, dont les techniques reposent sur les effets de cette énergie.

Et contrairement à ce que l'on pourrait croire, les arts martiaux internes ne sont pas plus faciles à pratiquer !

Discipline complète, le tai chi chuan inclut tous les aspects du Tao : votre santé, votre corps, et votre mental. C'est dans la lenteur et la précision que s'enchaînent les exercices : vous avez peut-être déjà vu une ou plusieurs personnes, dans un parc par exemple, très concentrées sur une série de gestes lents, souples, comme une sorte de combat au ralenti ? A mi-chemin entre le yoga et le sport de combat...

Le tai chi apprend tout d'abord à conserver son corps centré, aligné, tout en étant en mouvement. C'est la fluidité des gestes, la souplesse des corps, qui déterminera la réussite. Par le jeu de transfert du poids de votre corps d'un pied sur l'autre, le tai chi améliore votre sens de l'équilibre, et vous aide à mieux intégrer votre schéma corporel et coordonner vos mouvements.

Quelles améliorations sur votre santé et vos performances pouvez-vous attendre, en pratiquant le tai chi chuan ?

- **Amélioration de votre état général** : sommeil, nervosité, gestion du stress...
- **Amélioration de vos articulations** : grâce à la lenteur et à la souplesse des étirements et des rotations
- **Amélioration de vos facultés cardiaques et pulmonaires**
- **Amélioration de votre mémoire et de vos capacités de concentration** : de nombreux hôpitaux ont maintenant intégré cette pratique pour aider les patients atteints de la maladie d'Alzheimer.

Les mouvements de base du tai chi chuan : je vous décris ici les quatre mouvements de base du tai chi, car il en existe une centaine !

Je vous invite à tester, et à pratiquer d'abord ceux-ci, et si vous le souhaitez vous pourrez ensuite passer à des exercices plus complexes.

- **La vague**

Vous êtes debout, les pieds dans l'alignement de vos épaules. Vos genoux sont légèrement fléchis, vos mains à hauteur des hanches. Faites osciller d'avant en arrière tout le corps, en accompagnant le mouvement de vague avec vos bras. L'énergie, et donc le mouvement, part du bassin : le centre de votre corps reste bien centré.

• **L'onde latérale**

Vous adoptez la même position de départ. Vous étirez votre nuque, en tenant votre cou très droit comme si un aimant, ou un fil invisible, liait le sommet de votre crâne au ciel. Vous levez le bras droit vers le côté droit de votre corps, tout en relevant votre bras gauche vers la tête. Vous accompagnez le mouvement du haut du corps, tout en conservant votre bassin bien centré. Vous inspirez profondément en gonflant le ventre pendant la levée des bras, puis vous expirez en le creusant pendant la redescente. Vous répétez ensuite le mouvement en démarrant avec votre bras gauche.

• **La rotation**

Toujours la même position de base. Vous allez monter vos deux bras à l'horizontale, puis vous déplacez le bras gauche vers le pied droit. En même temps, vous allez prendre appui sur la jambe gauche pour ouvrir l'angle de votre pied droit jusqu'à quarante cinq degrés. Vous refermez la main en formant le même angle en la ramenant vers votre buste.
Répétez le même mouvement de l'autre côté.

• **L'hirondelle**

Ce dernier exercice est un prolongement de la rotation. Vous allez le démarrer au moment où vous ouvrez l'angle de votre pied : vous levez ensuite le pied gauche et faites passer le poids de votre corps à droite. Puis, vous tournez votre pied gauche et ouvrez tout votre corps dans la même direction, pendant que vos deux bras se dirigent vers le côté opposé. Puis vous inversez en répétant l'exercice du côté droit. Cet exercice doit se faire dans la fluidité et la légèreté… Pas si simple, n'est-ce pas ?

**Quelques règles à appliquer pour la pratique du tai chi :**

- Pour progresser et afin que les exercices vous soient vraiment profitables, vous devez vous astreindre à une pratique régulière. Comme pour la relaxation, la visualisation et les exercices du Tao sexuel, c'est dans la durée et la régularité que vous verrez vos efforts produire un résultat. Je vous conseille une mise en pratique journalière, en y consacrant par exemple trente minutes par jour et en alternant les exercices.
- Le tai chi chuan est un art « global ». Il n'a pas vraiment de sens si, dans le même temps, vous fumez deux paquets par jour, ne mangez que des frites et vous vous laissez envahir par toutes les pensées parasites qui vous passent par la tête ! Remarquez que, de toutes les façons, vous y gagneriez quand même à le pratiquer régulièrement, même dans ces conditions. Mais si vous souhaitez obtenir de réels effets, c'est dans une pratique globale que vous verrez les meilleurs résultats.

## RESPECTEZ LES BASES DE L'HYGIENE PHYSIQUE

Voilà pourquoi je vous conseille de respecter les règles simples de l'hygiène taoïste pour améliorer les résultats de votre pratique quotidienne.

Le Tao vise à un entretien méticuleux de votre corps, comme de votre esprit et de vos émotions. Pour que l'énergie, le Qi, y circule librement, vous devez l'entretenir avec sagesse.

Nos sociétés modernes nous ont appris l'excès, qu'il s'agisse de nourriture, d'alcool, de plaisirs divers.

Nous dépensons des fortunes pour entretenir l'extérieur – la peau, le visage, les cheveux, tout ce qui est visible – mais quelles dépenses sont préconisées par la société pour notre entretien intérieur ?
C'est d'ailleurs une simple question de bon sens… Le Tao, qui recherche la longévité, applique simplement le « principe de modération ».

**Reprenons ensemble ses bases :**

• Veillez à ce que votre alimentation soit équilibrée et saine, la moins préfabriquée possible.
Cela demande des efforts et du temps de préparation, mais vous y gagnerez en apports nutritifs ! D'ailleurs, nul besoin d'être un grand cuisinier ou de passer vos journées en cuisine : des plats simples, que vous constituerez surtout de céréales, de légumes cuits légèrement et d'un peu de protéines. J'ai abordé les bases de l'alimentation du Tao au premier chapitre.

• Votre activité sexuelle doit être un facteur d'épanouissement profond. Nous l'avons vu en détail au deuxième chapitre, je n'y reviendrai donc pas ici.

• Votre sommeil est aussi très important pour que l'énergie circule librement dans vos tan tien : évitez les somnifères et autres neuroleptiques, qui provoquent des sommeils de qualité moindre et créent des dépendances.
Chaque personne a des besoins différents en matière de sommeil, si vous avez besoin de neuf heures pour vous sentir en forme, dormez neuf heures chaque nuit !

• Ne fumez pas… Ce n'est pas un péché ni une luxure, mais simplement du bon sens, là encore. Fumer consomme une énergie phénoménale, qui sera d'autant moins disponible pour votre organisme !

Bien entendu, je ne suis pas en train de dire que les fumeurs peuvent refermer cet ouvrage et ne plus y revenir, bien au contraire ! En pratiquant les exercices et en suivant la Voie, vous pourrez vous détacher plus naturellement de votre addiction.

• Le même conseil s'applique pour l'alcool, évidemment. La consommation d'alcool provoque de profondes transformations dans votre organisme : le foie est très vite saturé, les lipides ne se transforment pas en énergie, mais se stockent… De la même manière que la cigarette fait figure de « vampire d'énergie », l'alcool agit, lui, comme un bloqueur.

• Faites du sport… en suivant les conseils donnés dans ce chapitre, c'est-à-dire en utilisant vos excès d'énergie pour accroître vos performances sans fragiliser votre organisme.

Vous le voyez, le Tao ne préconise rien qui ne soit modéré et logique ! Des règles que tout médecin occidental pourrait vous conseiller, mais peut-être pas de la même manière…

## EXERCICE PRATIQUE 1 : MANGER LE SOLEIL

Voici un exercice de Tao très rapide, simple à effectuer, et également très efficace. Ne vous laissez pas perturber par l'expression « manger le soleil », qui est une jolie métaphore de cette méditation ! C'est l'énergie solaire que vous allez chercher.

L'idéal est de la pratiquer en plein air, lors d'une journée ensoleillée.

Vous êtes debout, si possible pieds nus dans l'herbe ou dans le sable, et vous faites face au soleil.

Fermez vos yeux et tournez vos paumes en direction de l'astre. Laissez le soleil rayonner sur vos mains, votre visage et votre corps.

Maintenant, reportez votre attention sur votre front, en particulier entre vos deux sourcils – ce point spécifique que l'on nomme aussi « troisième œil » – et imaginez que vous inspirez le soleil dans votre tête par le front. Vous pouvez le faire à chaque inspiration, l'effet n'en sera que plus marqué.

Sentez votre cerveau être baigné de lumière solaire. Imaginez que vous inspirez réellement du soleil dans votre tête !

Continuez à respirer ainsi pendant quelques minutes, à faire entrer la lumière du soleil dans votre tête. Maintenant, ouvrez la bouche et avalez une bouffée d'air et de lumière solaire et faites-la descendre dans votre estomac. Ensuite, tout en retenant votre souffle, dirigez vos paumes de mains vers la terre et contractez légèrement les bras, le ventre, les fesses et les jambes. Imaginez et sentez que l'énergie du soleil est absorbée dans vos os, vos muscles et le bas de votre dos. Toujours en retenant votre souffle, prenez le temps de sentir l'énergie du soleil pénétrer au cœur de vos os et s'y emmagasiner.

Maintenant, expirez et relâchez un peu vos muscles. Ensuite, reprenez une autre goulée d'air et de soleil.

Répétez l'exercice autant de fois que vous le souhaitez.

## EXERCICE PRATIQUE 2 : LE CONTRE-BALANCIER, LE POTEAU QUI S'ENFONCE DANS LA TERRE ET LE CHIEN QUI S'EBROUE

Cet exercice aide à purger et disperser le Qi et débarrasse le corps de l'énergie négative qui s'y accumule, à cause du stress et de la tension.

Ce sont trois exercices distincts, que vous pouvez faire quand vous en sentez le besoin, et qui vous aideront avant toute pratique sportive : il faut toujours purger avant de tonifier.
Je vous conseille d'effectuer les trois exercices l'un après l'autre.

• **Le contre-balancier**

Cet exercice disperse le Qi stagnant « coincé » dans la peau, les muscles et les organes internes.

Vous êtes debout, bras le long de votre corps. Vos pieds sont bien à plat sur le sol, écartés dans le même axe que vos épaules. Ouvrez les pieds en déplaçant le pied gauche vers la gauche, à la largeur des hanches.

Ramenez les mains devant vous. Inspirez en montant les bras sur les côtés jusqu'au dessus de votre tête : vous faites le plein de Qi par la tête.
Expirez le Qi renouvelé par le nez dans tout votre corps, jusqu'aux pieds et jusqu'à la terre.

Répétez encore deux fois le même mouvement. Sentez l'air rafraîchissant envelopper et emplir le corps de la tête jusqu'aux pieds.

Ouvrez les bras sur les côtés en inspirant, et faites le contre-balancier avec les bras. Expirez en tournant le torse vers la gauche; votre bras droit va vers la gauche, paume tournée vers le ciel.

Inspirez quand vous revenez au milieu.

Expirez en tournant votre torse vers la droite; le bras gauche va vers la droite, paume tournée vers le ciel.

Relâchez le corps, et imaginez que vous propulsez avec légèreté une balle avec la main qui monte. La rotation se fait aux hanches, pas aux genoux. Relaxez bien les épaules et laissez-les tomber.

Vous inspirez quand le torse fait face à l'avant et vous expirez quand vous tournez vers la droite ou vers la gauche. Quand vous inspirez, imaginez le Qi nouveau, pur et blanc monter de la terre dans vos jambes et emplir votre torse.

Quand vous expirez, imaginez le Qi « sale » et stagnant être repoussé par le Qi pur et sortir par la paume de vos mains. Visualisez que cette énergie sale est expulsée et devient de plus en plus blanche et propre.

Pour clore l'exercice, inspirez en montant les bras sur les côtés jusqu'au dessus de la tête et en inspirant le Qi renouvelé par la tête. Faites descendre l'énergie jusqu'aux pieds et jusqu'à la terre quand vos bras descendent.

• **Le poteau qui s'enfonce dans la terre**

Cet exercice aide à débloquer et à disperser l'énergie qui est emprisonnée dans les articulations et les cavités internes du corps. Il permet aussi d'activer votre système lymphatique et de débarrasser votre corps de ses toxines.

Vos pieds sont parallèles et ouverts.

Séparez vos talons pour que les pieds soient bien parallèles. Les bras restent le long du corps.

Maintenant, sautillez en tapant les talons par terre. Sentez vos os vibrez. Sentez l'impact dans les chevilles, les genoux, les hanches, les épaules.

Arrêtez le mouvement et inspirez en montant sur la pointe des pieds.

Relâchez vos muscles et laissez-vous retomber lourdement d'un seul bloc en expirant, comme un poteau qu'on enfonce dans la terre. Les épaules sont alignées sur les hanches, qui sont alignées sur les genoux, qui sont alignés sur les chevilles. Sous l'impact, les os s'empilent les uns sur les autres. Concentrez-vous sur la ligne médiane du corps.

Refaites le mouvement une seconde fois. Chevilles, genoux, hanches, épaules...

Inspirez quand vous montez sur la pointe des pieds, l'énergie monte jusqu'à la tête.

Expirez en vous laissant tomber. Imaginez que vos os s'empilent les uns sur les autres et deviennent ensemble un poteau qui tombe dans un trou creusé dans le sol. Recommencez une troisième fois. Chevilles, genoux, hanches, épaules...

Inspirez en montant sur la pointe des pieds. Amenez lentement la conscience des pieds vers le haut du corps et la tête.

Expirez en retombant lourdement sur les talons.

Une dernière fois. Chevilles, genoux, hanches, épaules...

Inspirez en montant sur la pointe des pieds. Amenez de l'énergie fraîche des pieds à la tête. Contractez le périnée.

Expirez en retombant sur les talons.

Sentez vos muscles se relâcher, et l'énergie négative sortir de votre corps avec les secousses. Laissez l'énergie stagnante se dissiper.

- **Le chien qui s'ébroue**

Cet exercice aide à dissiper la rigidité et la tension et à la drainer vers le sol. Il permet à l'énergie stagnante et emprisonnée dans les muscles, les tendons et les ligaments de se dissoudre et de se disperser.

Ouvrez les pieds en déplaçant votre pied gauche vers votre gauche un peu plus que la largeur des hanches.

Secouez-vous, en commençant par les mains, auxquelles vous faites faire de légères rotations. Puis les coudes, ensuite les épaules, le dos, les fesses, et enfin les jambes.

Expirez en secouant tout votre corps comme un chien qui sort de l'eau et s'ébroue. Sentez la rigidité et la tension se dénouer et se dissiper vers le sol. Sentez l'énergie stagnante et emprisonnée dans les muscles, les tendons et les ligaments se dissoudre et se disperser.

Recommencez encore une dizaine de fois le mouvement. Il est normal de sentir beaucoup de chaleur dans le corps quand on fait cet exercice.

Maintenant, inspirez en montant les bras sur vos côtés et en allant chercher l'énergie du ciel. Inspirez aussi par tous les pores de la peau et par tout votre corps. Expirez en faisant descendre ce Qi dans tout votre corps, de haut en bas, jusqu'aux mains.

Répétez ce mouvement encore deux fois.

Sentez les tissus de votre corps se nettoyer et se raviver.

# Votre énergie spirituelle

Le Tao est une discipline complète, vous l'avez constaté. Corps, esprit et cœur doivent être en harmonie et suivre la Voie... Pour que vous puissiez produire et utiliser une énergie illimitée, vous devez résoudre les blocages qui vous empêchent d'être en accord avec vous-même, et avec le monde.

J'ai abordé avec vous le tan tien du cerveau, et le tan tien sexuel. Il nous en manque encore un, et non des moindres, pour que votre connaissance soit complète : celui du cœur.

Votre cœur est un tan tien d'une grande puissance, qui va puiser sa source et ses effets dans ce monde si mouvant de vos émotions. A chaque élan émotionnel, vous produisez de l'énergie. Bien entendu, cette énergie sera de nature et de qualité différente selon l'émotion que vous ressentez...

Comme pour les pensées parasites bloquant le tan tien de votre cerveau, les émotions dites « négatives » vont affaiblir, voir paralyser votre Qi.

Vous vous en rendez bien compte naturellement ! La colère, par exemple : si elle donne de la force sur l'instant – celle de l'indignation, de la révolte- elle épuise très vite l'organisme. Quand vous êtes « de bonne humeur », ne vous sentez-vous pas en pleine forme et plein d'énergie ?

Nos émotions sont des outils extrêmement puissants, encore faut-il savoir les maîtriser...

## LA VOIE

Je vous en ai parlé rapidement au début de ce programme.

Le Tao veut donc dire la « Voie ».

Le principe fondamental est de suivre la Voie de tout de qui est vivant, qui maintient un haut degré de vitalité individuelle et des relations harmonieuses sur la terre entre tous les êtres vivants.

Votre santé physique, émotionnelle et spirituelle dépend de votre capacité à vous placer dans « le flux » de la force vitale naturelle.

Dans la nature, tout est en mouvement et en transformation perpétuelle, pour maintenir un parfait équilibre du Yin et du Yang, les deux pôles de la force vitale créative, l'énergie de régénérescence. L'être humain doit donc réapprendre à se relier à la nature et à ses mouvements naturels, pour que son corps et son esprit retrouvent l'harmonie naturelle des origines.

Je vous en rappelle les trois phases essentielles:

- Le lâcher prise de votre mental
- La transformation de votre énergie émotionnelle négative en force vitale
- La démultiplication de votre énergie créative par le mouvement interne du Qi.

Dans ce chapitre, nous allons aborder bien entendu la transformation de votre énergie émotionnelle négative !

## SOYEZ A L'ECOUTE DE VOUS-MEME ET DES AUTRES

Je vous ai parlé des pensées parasites, et de ce fameux « dialogue intérieur » qui perturbe et bloque votre tan tien, sans même que vous en ayez conscience.

Le principe sera le même pour votre cœur et vos

émotions : vous devez commencer par prendre conscience de ce que vous ressentez.

Lorsque vous êtes en état d'éveil, vous vivez continuellement sous l'emprise de vos émotions. Plus ou moins puissantes, plus ou moins agréables, ce sont elles qui régissent votre « état intérieur ».

Vous pouvez passer d'une sensation de malaise inexpliqué à une brusque colère, à de l'agacement, de l'envie, de la satisfaction, de la déception, etc. L'éventail de nos sentiments et de nos émotions est si vaste qu'un ouvrage n'y suffirait pas !
Faisons un point rapide sur cet éventail, justement.

Il existe quatre grands types d'émotions :

• **Les émotions simples**

C'est l'émotion-information. Celle que vous ressentez lorsque votre organisme ou votre esprit vous fait part d'un besoin ou d'un manque, d'une envie...

• **Les émotions mixtes**

Elles sont mélangées à plusieurs émotions plus ou moins « vraies », et tendent à vous désinformer. Vous vous sentez en colère alors que la cause semble anodine, par exemple. Ce sont souvent des émotions dites « de défense », car elles en camouflent d'autres, bien plus complexes.

• **Les émotions refoulées**

Elles sont plutôt de l'ordre du ressenti, et résultent d'une émotion que vous refoulez. L'anxiété, la fébrilité, le malaise... et tous les maux corporels qui les accompagnent : migraines, crampes d'estomac, bégaiement, etc.

• **Les pseudo-émotions**
On les appelle ainsi car elles sont l'expression d'une émotion que vous ne nommez pas. Par exemple, vous vous êtes sans doute déjà dit : « Je me sens stupide »... La stupidité n'est évidemment pas une émotion, vous ne pouvez donc pas la ressentir !

Pour résumer, seule la première catégorie contient les « vraies » émotions, car c'est là tout le secret : votre émotion vous transmet une information. Sur ce que vous aimez, détestez, craignez ; ce dont vous avez envie, besoin, peur, etc.

Elles sont donc indispensables dans votre existence quotidienne, et ce sont celles-là que nous allons privilégier dans notre approche du tan tien de votre cœur.

La première étape est donc de vous apprendre à les décrypter, et à y être attentif.

Tout au long de vos journées, faites des pauses, régulièrement, et posez-vous simplement cette question : qu'est-ce que je ressens ? Suis-je gai, gêné, inquiet ? Et essayez de trouver l'émotion « simple », celle qui est le vrai message : je me sens inquiet depuis ce matin parce que j'appréhende mon rendez-vous avec mon patron ce soir, je ne me sens pas à la hauteur de mes objectifs, j'ai peur du jugement des autres. Vous voyez le processus ?

Soyez à votre écoute, qu'il s'agisse de maux physiques ou de sensations. Le Tao est très respectueux des êtres et de leurs failles, ne soyez pas dans le jugement ou la sanction ! Observez-vous, et observez les autres.

Tout est message, et tous ces messages vous concernent et vous permettent d'évoluer.

## DEPASSEZ LES BLOCAGES

L'émotion est l'un des vecteurs les plus puissants de votre Qi, mais pour cela il doit être « nettoyé ». Nos sociétés modernes ne sont guère tendres avec cet aspect des humains : on lui préfère la rationalité de la pensée et la réponse physique des corps. L'émotion est changeante, mouvante, difficilement tangible, et l'occident n'aime pas ce qu'il ne contrôle pas.

Or, vouloir ignorer une émotion, la refouler, ne fera que la rendre plus puissante. Je vais vous donner un exemple précis. Tous ceux qui ont connu le deuil d'un proche sauront de quoi je parle.

Lorsque vous perdez un proche, le monde extérieur vous « permet » une période de deuil plus ou moins longue – trois jours dans les entreprises, quelques mois pour votre entourage familial ou amical qui comprendra très bien, et s'y attendra, à ce que vous montriez votre chagrin, votre peine et votre colère.

Mais passé un certain délai, on attend de vous que vous redeveniez vous même. Que vous soyez à nouveau productif, que vous vous intéressiez aux autres et qu'il soit agréable de vous côtoyer. Et si vous n'avez pas – pas encore –, « digéré » votre peine, et bien il ne vous reste plus qu'à faire bonne figure et refouler votre chagrin.

Le véritable problème, c'est qu'une émotion ne meurt jamais avant d'avoir été pleinement ressentie. Elle vous transmet un message, et plus ce message est fort, plus elle aura besoin de s'exprimer. Vous pouvez faire semblant, et même vous leurrer vous-même. Elle reviendra, comme un boomerang ; peut-être d'une autre manière. C'est un grand risque à courir que de voir de puissantes émotions refoulées se transformer en maladies, en dépressions, en addictions.

Donc, si vous ne devez retenir qu'un seul conseil concernant vos émotions, que ce soit celui-là : ne les repoussez jamais, vivez-les !

Qu'elles soient gênantes, encombrantes, incompréhensibles, voir même fausses, vivez-les ! La relaxation, et les exercices dont je vous parlerai très vite vous y aideront beaucoup. Gardez bien à l'esprit que pour « purifier » votre Qi, vous devez d'abord passer par l'acceptation.

## L'HYPNOSE ET LA MEDITATION

Abordons maintenant les techniques qui vont vous permettre de dépasser ces blocages. Je vais vous parler de méditation, d'hypnose, et de quelques techniques taoïstes pour transformer vos émotions négatives en énergie.

L'hypnose est un « état modifié de conscience », pendant lequel vous êtes éveillé, mais qui permet au thérapeute d'accéder à l'inconscient de son patient. Elle est en effet pratiquée par des spécialistes, médecins ou psychologues, mais si j'en parle ici c'est que la relaxation profonde, et la méditation, vous permettent une sorte d'autohypnose qui va produire les mêmes effets.

Comment est-ce que cela fonctionne ?

En fait, toutes ces méthodes – relaxation, visualisation, méditation etc. – sont basées sur le même principe : votre cerveau fonctionne sur des fréquences différentes selon votre état de conscience. Vous produisez des ondes cérébrales, à chaque moment de votre vie, et selon que vous serez actif ou endormi, stressé ou relaxé, votre cerveau ne va pas utiliser le même « canal », appelé ondes cérébrales.

Voici les différents canaux :

- **Les ondes Bêta** : concentration, état de veille actif, affirmations et intentions spirituelles.
- **Les ondes Alpha** : rêve éveillé, méditation, hypnose, visualisation…
- **Les ondes Thêta** : visualisation lucide, début de la phase vibratoire, états de transe ; hypnose et méditation profondes, état hypnagogique.
- **Les ondes Delta** : Guérison, conversion de rêve et réveil onirique, sommeil profond.

Nous n'aborderons pas les dernières, réservées aux initiés, et aux pratiquants de longue date. Si le sujet vous intéresse, de nombreux ouvrages sont disponibles sur la question et les méthodes à employer.

Les ondes Bêta sont donc celles que vous produisez en étant conscient et actif, le but étant de vous apprendre à produire des ondes Alpha, puis Thêta : ce sont elles qui vous donnent accès aux portes de votre inconscient, et vous vous permettre d'intervenir par l'autosuggestion pour aboutir aux résultats attendus.

Il ne s'agit ici, bien sûr, que d'une vulgarisation du processus, qui est bien plus complexe ! Mais la base est là : par la relaxation et la méditation, vous ouvrez les portes de votre inconscient qui devient manipulable…

Nous avons déjà abordé la relaxation dans les chapitres précédents, ainsi que les bases de la méditation. Pour schématiser là encore, la méditation consiste à focaliser sa conscience sur un seul objet : il s'agit d'une forme aigue de concentration alliée à la relaxation mentale. Je vais vous en proposer ici un exercice en exemple, afin que vous puissiez vous entraîner.

Toute méditation commence toujours par une séance de relaxation, la plus profonde possible. C'est en état de relaxation que votre cerveau fonctionnera sur ces fameuses ondes Alpha, puis Thêta, qui vont vous permettre d'atteindre votre inconscient.

Vous avez déjà expérimenté la relaxation, je vous en rappelle donc les bases :

Vous pouvez vous assoir ou vous allonger, vêtu confortablement avec des habits lâches, pas de ceinture ni de chaussure.

Une fois bien installé, vous allez tout d'abord vous concentrer sur votre respiration, en gonflant le ventre à l'inspiration, puis en le creusant à l'expiration.

Pendant l'expiration, relâchez vos muscles comme s'ils devenaient lourds et mous, vous vous abandonnez…
Vous continuez pendant plusieurs minutes, puis reprenez une respiration normale : vous vous concentrez maintenant sur votre corps.

Vous allez porter votre attention sur la sensation de votre pied droit, vous allez sentir ses muscles se détendre complètement, devenir lourd. Une fois bien détendu vous faite de même pour votre pied gauche, et ensuite sur toutes les autres parties de votre corps : les jambes, les mains, les bras, le buste, le dos, la nuque, le visage, la mâchoire, les yeux...

Vous restez dans cet état de bien être quelques instants, en ressentant votre corps dans sa globalité et en vous laissant aller. Votre respiration est calme et paisible, vos pensées dérivent et vous ne vous n'y attachez aucune importance : elles filent, jusqu'à s'éteindre d'elles-mêmes. Prenez ensuite un objet de méditation comme support : la flamme d'une bougie, une image mentale, peu importe.

Concentrez-vous sur ce support visuel sans forcer, tout en ressentant profondément votre bien-être et votre détente. Lorsque vous arrivez à ne « voir » plus que cette image, votre méditation est réussie !

Sachez que la méditation est un excellent exercice qui va vous permettre, en plus de la relaxation, d'assouplir votre esprit, exactement comme un muscle. C'est un entraînement à tous les exercices préconisés par le Tao, tel que celui qui va suivre.

Je vous propose maintenant un exercice de Tao destiné à utiliser vos émotions négatives.

- **Le mouvement de l'eau et de la lune**

Dans le Qi-Gong, l'eau représente le véhicule des émotions, la lune est la grande maîtresse de la circulation des liquides dans le corps. En fonction des pensées que l'on entretient, le corps va enregistrer une mémoire qui ressurgira dès qu'un élément externe déclenche le processus.

Le mouvement proposé est le suivant :

Vous êtes debout, face au sud, vos mains sur votre plexus solaire. Vous genoux sont légèrement pliés.

En soufflant doucement avec la bouche, soulevez le bras droit en le montant vers le ciel, votre paume tournée en avant, vos yeux regardant en arrière. Détachez en même temps votre main gauche vers la terre.

Revenez face au sud et placez votre main gauche au-dessus de votre tête, la droite vers la terre. Cette fois votre regard est fixé droit devant vous.

Vous effectuez trois respirations profondes, et vous refaites l'exercice en inversant les mains.

Revenez ensuite à votre position initiale. Percevez la lune dans la vessie. Ronde et blanche.
Imaginez une fine corde argentée qui traverse votre ventre et votre plexus solaire pour se placer entre votre 7e et 6e vertèbre dorsale.

Visualisez une lumière douce se répandre dans cette zone, et apaiser l'anxiété.

Percevez la lumière solaire du plexus, et laissez rayonner la confiance.

## EMOTION ET SPIRITUALITE

La spiritualité est, traditionnellement, l'opposition du corps et de l'esprit, soit l'intérieur contre l'extérieur. En cela, l'émotion est un peu le lien entre ces deux opposés, puisqu'il signifie « mouvement de l'intérieur vers l'extérieur »…

C'est donc notre « spiritualité inconsciente », si je puis dire ! La spiritualité ne signifie pas grand-chose dans nos sociétés modernes, pourtant on assiste depuis des décennies à un renouveau, un regain d'intérêt en la matière. Après avoir exploré les chemins de la matérialisation, les hommes ont besoin de se recentrer sur eux-mêmes… Et en cela, le Tao a une place de choix.

Les thérapies comportementales pour mieux gérer nos émotions fleurissent un peu partout, plus ou moins sérieuses, plus ou moins célèbres. Mais avec l'émergence de pensées nouvelles pour l'occident, comme le pouvoir de la pensée sur la matière, le champ s'ouvre à nouveau pour une spiritualité qui n'est plus axée sur la religion, mais qui prend l'être humain comme base et centre de toute chose.
Nous redécouvrons le pouvoir que nous avons sur nous-mêmes, et sur le monde.

## EXERCICE PRATIQUE 1 : LE SERPENT SE TORD LA QUEUE

Voici un excellent exercice de préparation physique et mentale, assez simple et rapide à effectuer si vous ne disposez pas de beaucoup de temps pour votre pratique quotidienne. Comme d'habitude, il est axé sur des points spécifiques de votre corps, ici le foie, la vésicule biliaire et vos lombaires.

Vous êtes allongé sur le dos, et ramenez vos pieds joints bien à plat près de vos fesses en pliant vos genoux.
Vous allez d'abord effectuer une série de respirations ventrales. Ensuite, ouvrez vos bras en croix.
Inspirez. Très lentement et en expirant, laissez tomber vos genoux ensemble sur votre droite, le plus près du sol possible. Posez votre main droite sur votre ventre et tournez lentement la tête vers la gauche, en opposition avec vos genoux, tout en maintenant les épaules au sol.

Restez dans cette position pendant quelques instants et continuez de respirer. Focalisez votre attention sur votre côté gauche, en y inspirant une lumière dorée et en expirant des nuages de qi stagnant. Respirez pleinement dans votre côté gauche, votre ventre, vos lombaires, les articulations de vos hanches, vos épaules et votre cou. Concentrez-vous sur votre colonne vertébrale.

Maintenant, inspirez dans vos lombaires et collez-les au sol tout en ramenant vos genoux au centre. En même temps, ouvrez vos bras en croix.

Expirez en laissant descendre vos genoux sur votre gauche. Posez votre main gauche sur votre ventre. Tournez lentement la tête vers la droite, en opposition avec vos genoux, tout en maintenant les épaules au sol.

Restez dans cette position quelques instants et

continuez de respirer. Focalisez votre attention sur votre côté droit, en y inspirant une lumière dorée et en expirant des nuages de Qi bloqué. Respirez pleinement dans votre côté droit, votre ventre, vos lombaires, les articulations de vos hanches, vos épaules et votre cou. Continuez à vous concentrer sur votre colonne vertébrale.

Répétez l'exercice de chaque côté et autant de fois que vous le désirez.

Ensuite, allongez les jambes, respirez normalement et sentez l'effet de l'exercice sur votre corps. Ressentez le bien-être diffusé dans tout votre organisme.

Cet exercice est excellent pour le méridien de la vésicule biliaire et aide à améliorer la circulation de l'énergie entre le haut et le bas du corps. Il harmonise également les fonctions du foie et de la vésicule biliaire.

## EXERCICE PRATIQUE 2 : LES SIX SONS DE LA SANTE

Vos émotions négatives sont un peu comme des déchets qui s'accumulent dans votre organisme et bloquent votre Qi.

Mais savez-vous que les émotions négatives peuvent aussi être les sources de vos émotions positives, et que celles-ci sont à la base de votre vitalité ? Dans le Tao, la solution est le « recyclage » des émotions, la transformation des émotions négatives.

En Occident, certaines méthodes vous incitent à exprimer toutes vos émotions négatives soit en parlant, soit en criant, ou en frappant sur des objets pour donner plus d'intensité aux émotions et en être plus conscient, pour s'en libérer. La sensation de libération est réelle !

Vos émotions négatives ont été déchargées à l'extérieur au lieu d'être enfouies à l'intérieur. Mais dans peu de temps, d'autres énergies vitales négatives seront projetées à l'extérieur : sur votre conjoint, votre patron ou dans l'environnement. Et ainsi de suite ; dans un cercle sans fin.

Les taoïstes ont mis au point diverses méthodes préventives de recyclage des émotions. Ils ont compris que les émotions négatives ou positives étaient des énergies et que les énergies sont transformables, conservables et amplifiables.

Quand les énergies sont négatives, elles surchargent, amplifient la chaleur, obstruent l'interne ou créent des réactions externes indésirables.

Quand les émotions sont positives, elles amplifient la vitalité, elles allègent, font circuler, rafraîchissent et apaisent l'intérieur et l'extérieur.

Ainsi, que vous les exprimiez ou que vous les enfouissez, vos émotions négatives vont diminuer votre énergie vitale, votre Qi. Mais vous pouvez apprendre à les recycler !

Lorsque des personnes ou des situations provoquent des réactions émotives négatives, les taoïstes considèrent que, tout simplement, ils ne se sont pas suffisamment consacrés à transformer les émotions négatives en énergies positives et en forces vitales.

Les taoïstes ont élaboré des pratiques de transformation des émotions négatives en émotions positives, pour permettre de conserver et d'amplifier la vitalité en rafraîchissant les organes internes, et en développant les membranes qui entourent les organes pour les protéger.

Les Six Sons de la santé est un exercice qui vous permet d'associer vos émotions négatives à vos organes, de les identifier et de les localiser :

- **Le Poumon engendre la tristesse**
- **Les Reins engendrent la peur**
- **Le Foie engendre la colère**
- **Le Cœur engendre la joie excessive**
- **La Rate engendre les soucis.**

Ces émotions sont maintenues en équilibre entre elles quand elles ne sont pas trop exacerbées. Mais au moindre choc émotionnel, tout l'équilibre s'effondre et c'est un cercle infernal que vous devez affronter.

Les taoïstes ont découvert que chaque organe a un son, qui vibre à la même fréquence que l'organe, que la lumière et l'émotion correspondante.

En activant ces sons à voix haute, les lumières associées viennent pénétrer dans les organes pour transformer les émotions négatives en émotions positives et stimuler le flot d'énergie vitale dans les organes et dans les parties du corps en résonance. En voici la liste :

- **Le Son du Poumon est Siii**, la lumière blanche et l'émotion positive : le courage ;
- **Le Son du Rein est Fuuu**, la lumière bleue et l'émotion positive : le calme ;
- **Le Son du Foie est Shuuu**, la lumière verte et l'émotion positive : la bonté ;
- **Le Son du Cœur est Ahhh**, la lumière rouge et l'émotion positive : l'amour ;
- **Le Son de la Rate est Whrooo**, la lumière jaune et l'émotion positive : l'équilibre.

Voici donc comment procéder : vous allez commencer, comme d'habitude, par une séance de relaxation profonde comme celles décrites dans ce chapitre et les parties précédentes.

Vous enchaînez ensuite par un peu de médiation, à votre rythme, en vous concentrant sur une image mentale apaisante – un lac, un paysage magnifique, un souvenir agréable.

Lorsque vous vous sentez profondément détendu, relaxé, vous commencez par visualiser la zone de vos poumons : vous allez prononcer, à voix haute, le son Siiii, en allongeant bien la dernière syllabe, tout en enveloppant votre organe d'une lumière blanche et pure.

Vous appliquez le même principe à tous les organes de la liste : les reins, Fuuuu et lumière bleue, apaisante ; le foie avec le Shuuuu et le vert, etc.

Prenez bien le temps de ressentir votre exercice, pas seulement avec votre tête !

C'est un exercice magique, qui donne des résultats étonnants.

# De l'énergie pour vos réalisations personnelles

Nous avons abordé les trois tan tien de votre organisme, destinés à produire, stocker et diffuser l'énergie vitale : votre cerveau, vos organes sexuels et votre cœur. Vous savez maintenant comment les développer, et vous maîtrisez quelques techniques afin de les purifier et les rendre plus efficaces.

Ce chapitre est dédié à une « fonction » un peu spéciale de votre Qi, qui peut être vue à la jonction du Tao ancestral et de notre monde moderne : la réalisation personnelle.

En fait, le Tao est parfaitement adapté à l'application de cette loi de l'Attraction dont vous avez sans doute, déjà, entendu parler.

Voici pourquoi, résumé par la philosophie du Tao :

*« Quand l'activité de l'homme s'accorde à la Voie,*
*il ne rencontre pas d'opposition et n'a pas à lutter contre l'adversité pour achever son œuvre.*
*Quand l'activité de l'homme est orientée selon la Voie,*
*la création générale est favorisée,*
*la vie est augmentée et jamais diminuée.*
*Enfin, quand l'activité de l'homme est une pure expression de la Voie, il réalise tout ce qu'il entreprend bien que son action soit le plus souvent imperceptible, ignorée des autres hommes. »*

## LE CHI

Vous l'avez vu, le Tao est l'harmonie totale, l'équilibre entre vous et le monde extérieur mais aussi à l'intérieur de vous-même. Votre Qi, votre énergie circule librement, rien ne la bloque ni ne la freine, vous êtes en accord avec vous-même.

Lorsque « tout roule », lorsque la roue du Tao tourne sans heurt, tout va bien dans votre vie. Ce que vous attendez, vous l'obtenez sans effort. Des portes s'ouvrent auxquelles vous n'aviez pas pensé, des solutions étonnantes apparaissent pour résoudre vos difficultés, vos relations avec vos proches sont totalement satisfaisantes…etc.

Que cette roue, que votre Qi se bloque et c'est le fameux grain de sable de la fable : la frustration engendrée par l'insatisfaction et le malaise vous rendent méfiants, vos pensées et vos émotions négatives prennent le pouvoir, et votre vie quotidienne devient beaucoup plus difficile…

Si je pouvais résumer ainsi, je dirais que c'est votre relation à vous-même qui est à la base de toute votre relation au monde extérieur.

Nous naissons, nous grandissons avec une histoire personnelle, des traumatismes plus ou moins importants, des manques et des failles qui nous sont propres.

Selon votre capacité à dépasser ces manques, à les combler par un véritable travail sur vous-même, vous vous fabriquerez une « belle vie »… ou pas.

Le Tao ne semble pas vraiment compatible avec l'ambition professionnelle par exemple, ou l'envie de pouvoir, ou la recherche des gains matériels. Vous

pouvez penser que cette philosophie orientale préconise l'harmonie intérieure, le zen, au détriment de toutes les sirènes capitalistes d'argent et de matérialisation.
Ce n'est pas vrai. Réaliser ses aspirations professionnelles est une application directe du Qi. Avoir de l'argent, de la reconnaissance extérieure, atteindre ses buts est une forme de « retombée » naturelle de votre énergie vitale.

Vous avez tout à fait le droit de désirer des biens matériels, un emploi gratifiant et bien rémunéré, des relations amoureuses à la hauteur de vos rêves !

La différence avec ce que vous avez appris jusqu'ici, c'est que pour obtenir tout ça, ce n'est pas en agissant à l'extérieur que vous y réussirez : c'est en appliquant les lois du Tao, c'est en travaillant sur votre relation avec vous-même, votre harmonie intérieure.

Considérez le monde qui vous entoure comme un miroir. Vous promenez ce miroir tout autour de vous, sur votre vie professionnelle, vos relations avec vos proches, vos rapports avec l'argent. Si ce miroir vous renvoie une image qui ne vous plaît pas, c'est un message précieux sur vos failles, sur votre énergie vitale qui n'est pas déployée correctement. Il y a un grain de sable dans votre grande roue du Tao.

## DE L'ESPRIT A LA MATIERE : LA LOI DE L'ATTRACTION

Revenons un peu sur cette fameuse Loi qui fait couler beaucoup d'encre ces dernières années. De nombreux livres et guides pratiques ont été écrits sur le sujet, et tous peuvent se résumer assez simplement : vous avez le pouvoir de changer le monde extérieur par votre pensée.

Par « pensée », on parle aussi bien de ces fameuses pensées produites par votre tan tien cérébral – rappelez-vous notre troisième chapitre – que vos émotions, celles déterminées par le tan tien de votre cœur.

Le principe est le suivant : la « pensée » est une forme de matérialisation qui a une action concrète dans le monde extérieur. Vous pouvez le constater simplement : lorsque vous traversez une période difficile, n'avez-vous pas remarqué que « tout va de travers » ?

On parle de la loi de Murphy, du conditionnement négatif, etc., mais au fond cela revient au même : lorsque vous êtes frustré, angoissé, vous bloquez votre roue, votre Qi, vous vous épuisez aussi bien physiquement que mentalement et vous allez consciencieusement nourrir des idées noires.

Vous verrez le verre à moitié vide, ne remarquerez aucune des solutions possibles qui s'offrent à vous pour résoudre vos difficultés, et vous allez générer d'autres difficultés supplémentaires qui viendront conforter votre état d'esprit.

Il ne s'agit pas de vous culpabiliser, loin de là ! C'est un simple processus, le plus classique et naturel qui soit.

Mais c'est aussi une excellente chose : vous pouvez changer les choses, vous n'êtes pas impuissant. La loi de l'Attraction et le principe du Tao se rejoignent parfaitement : vous pouvez vous réaliser, atteindre vos objectifs, en travaillant sur vous-même. Votre pensée a une action concrète sur votre monde extérieur, tel est le principe.

Nous avons vu pourquoi, voyons maintenant ensemble comment…

## LA VISUALISATION

Rappelez-vous notre chapitre précédent, et les explications sur les ondes cérébrales. Vous avez vu que, pour accéder à votre inconscient, la relaxation et la méditation vous permettent de faire fonctionner votre cerveau en ondes Alpha, puis Thêta. Je parle du cerveau car c'est lui le Grand Ordonnateur, ou pour être plus pragmatique, c'est lui qui donne les ordres !

La visualisation fonctionne sur le même principe de « mise en condition » préalable. La différence sera qu'une fois en état de relaxation, vous allez consciemment créer votre réalité.

Je m'explique. Votre pensée a une action concrète dans le monde. Si vous nourrissez des certitudes telles que « ce projet est trop bien pour moi, je n'y arriverai jamais, je ne suis pas à la hauteur », comment pouvez-vous espérer réaliser votre objectif ? Vous vous mettrez des bâtons dans les roues, sans le vouloir consciemment bien sûr, et vous irez d'échec en échec.

Je schématise bien entendu, mais le principe est bien là. Vos pensées façonnent votre monde. Si votre monde ne vous convient pas, changez vos pensées !

Nous avons déjà vu ensemble comment « faire le vide » dans votre cerveau, ce qui est un précieux pré-requis pour la visualisation. Il va vous falloir maintenant apprendre à diriger, volontairement, vos pensées et vos émotions vers un but précis.

Prenons un exemple précis.

Supposons que vous rêviez, depuis toujours, de devenir un chanteur célèbre. Vous avez pris des cours de chant, vous savez que vous êtes doué, vous vous produisez dans un groupe. Mais vous vivotez de cette activité et depuis des années vous voyez la reconnaissance et le succès vous échapper constamment.

Je vais vous donner un exemple d'exercice de visualisation appliqué à votre problématique.
Tout est dans la force, le pouvoir de votre projection mentale et émotionnelle.

Commencez par une séance de relaxation profonde. Une fois complètement détendu et relâché, faites le vide dans votre cerveau – vous savez le faire, maintenant !

Vous dérivez calmement dans votre silence intérieur, avec une merveilleuse sensation de bien-être et de plénitude.

Maintenant, vous allez projeter votre réalité. Concentrez-vous sur une image mentale précise, la plus détaillée possible : vous allez vous imaginer tel que vous souhaitez être, une fois votre objectif atteint. Par exemple, vous vous voyez dans une salle de concert, en train de chanter, vos musiciens à vos côtés. Vous entendez la musique, vous entendez votre voix, vous voyez le public qui vous écoute religieusement. Savourez ces sensations, ajoutez le plus de détails possibles. Vous allez les écouter vous applaudir et vous acclamer, et vous sentir merveilleusement reconnaissant. Savourez…

Le secret d'une visualisation réussie est de la vivre complètement. Non pas comme un espoir ou un rêve, mais comme une scène vécue réellement, ici et maintenant ! Prenez bien le temps de ressentir les choses, de les vivre, de les apprécier.

Puis, pour finir la séance, vous allez enfermer cette vision dans une bulle mentale et la laisser s'envoler en vous répétant mentalement – et fermement – « Ceci se déroule ici et maintenant »...

Regardez cette bulle disparaître en gardant la certitude que votre scène se réalise dans votre monde réel.

## TRAVAIL, AMOUR, ARGENT : COMMENT ATTIRER A VOUS CE DONT VOUS REVEZ

Vous avez maintenant vu le pourquoi et le comment de la visualisation et de la loi de l'Attraction. Faisons maintenant le point sur vos objectifs personnels, et les moyens de les atteindre.

En règle générale, il existe trois domaines sur lesquels chacun souhaite intervenir : le travail, l'amour et l'argent.

• **Le travail**

Par travail, j'entends également toute réalisation personnelle qui vous tient à cœur : une œuvre artistique, une ambition professionnelle, un projet d'association. Peu importe que vous rêviez d'une évolution de poste dans votre société, ou d'écrire un roman, le processus sera le même. Et la condition, pour y parvenir, sera la même également : le désirer réellement.

Pourquoi cette condition ? Tout simplement parce que beaucoup de nos rêves ne sont pas vraiment les nôtres, mais nous ont été « légués » – par nos parents, les attentes de la société, etc.

Si vous essayez, depuis des années, d'obtenir une évolution de poste sans y parvenir, commencez déjà par vous poser la question suivante : « est-ce que je le veux vraiment ? ».

Rappelez-vous que le Tao vous demande de suivre votre voie, pas celle que l'on a tracée pour vous. Si votre rêve secret, voire inconscient, est d'aller élever des chèvres dans le Larzac, il y a peu de chances pour que vous obteniez cette promotion, quels que soient vos efforts !

Je grossis le trait volontairement, mais vous comprenez le sens. Commencez donc par être vraiment honnête avec vous-même ; ce petit travail d'introspection ne pourra de toute manière vous faire que du bien.

Une fois votre objectif professionnel posé et sûr, vous pouvez commencer le travail. Pas en allant frapper, pour la énième fois, à la porte de votre patron, non, mais en faisant travailler votre cerveau et votre cœur.

Vous connaissez maintenant le processus. La relaxation, la méditation, puis la visualisation. Choisissez une image très détaillée, très claire de votre objectif réalisé – un écrivain peut visualiser, par exemple, une séance de dédicace, un futur chef de projet une réunion avec ses collègues, un chômeur son contrat d'embauche signé et la poignée de main qui va avec, etc.

Le principal, vous l'avez vu, est de ressentir réellement la scène, de la vivre.

Et, surtout, de ne pas vous occuper du « comment ». Peu importe la manière dont les événements vont se décanter, ça c'est le monde extérieur qui va le déterminer. Vous êtes le moteur, laissez faire le reste. Vous constaterez des résultats surprenants !

**• L'amour**

S'il y a un autre domaine de prédilection, c'est bien celui-là ! Rencontrer l'âme sœur, ou la conquérir si vous la connaissez déjà, est l'un des objectifs les plus courants – et les plus louables – que je connaisse. Et aussi le plus délicat. Vouloir de l'argent ou du travail est somme toute assez simple. L'amour, lui, fait intervenir tellement de facteurs, tels que : l'estime personnelle, la confiance en soi et en l'autre, l'engagement… que pour certains, c'est un véritable champ de mines.

Il est d'autant plus important de savoir exactement ce que vous souhaitez et de vous débarrasser au préalable de vos émotions ou pensées parasites. Si vous êtes convaincu de ne pas être à la hauteur de l'amour d'une femme – ou d'un homme, bien sûr – vous n'obtiendrez jamais satisfaction.

Encore une fois, même si vos proches vous pressent de vous mettent en couple et s'inquiètent sincèrement de votre célibat, votre voie n'appartient qu'à vous : il est tout à fait légitime de vouloir vivre autrement qu'en suivant les règles de la société, si tel est votre désir. Votre seule et unique obligation, en la matière, est de savoir exactement ce que vous voulez.

Bien, admettons que vous êtes certain de ne rêver que d'une chose : Angélique est la femme de votre vie.

Votre visualisation va donc être axée sur cette personne en particulier : une scène où vous vous vivrez en couple, lors d'un évènement particulier par exemple comme un anniversaire de mariage – ou votre mariage tout court, d'ailleurs ! Le principe est le même : vivez vraiment votre scène, soyez acteur de vos émotions, plongez-vous dans cette réalité.

**• L'argent**

Etrangement, malgré nos sociétés modernes où la consommation à outrance est reine, nos rapports à l'argent ne sont pas devenus plus simples. Sans même en avoir conscience, vous entretenez souvent des préjugés et des idées bien arrêtées, souvent transmis par nos proches, nos familles, la société, votre milieu social.

Des idées comme « l'argent sale » : le préjugé voulant que les personnes riches ne soient pas altruistes, ou que pour être à l'aise financièrement, il faut écraser les autres, par exemple. Que l'argent n'est pas illimité et que si vous en possédez beaucoup ce sera forcément au détriment des autres…

Si vous entretenez ce genre de pensées, il est indispensable de « nettoyer » votre esprit avant toute chose. L'argent est une forme d'énergie, ni plus ni moins : il doit circuler librement et si vous cherchez à obtenir… c'est pour le dépenser ! Et non, vous n'êtes pas un méchant égoïste si vous souhaitez devenir riche !

En matière de visualisation, celle de la corne d'abondance est très efficace : vous pouvez visualiser une corne par laquelle sortent toutes les choses matérielles dont vous rêvez – voyages, voitures, vêtements, etc. Le principal est de la voir comme une source illimitée et de l'intégrer comme telle dans cotre inconscient.

De toutes manières, quel que soit votre objectif, ne perdez jamais de vue l'essentiel : c'est une intention claire qui donnera des résultats. Vous devez tout d'abord vous assurer que vous êtes en phase avec vous-même ; et alors seulement la roue du Tao tournera d'elle-même !

## LE PRINCIPE DE BASE : NE PAS NUIRE

Vous ne pourrez jamais utiliser la visualisation, ni le Tao, pour atteindre des objectifs néfastes pour les autres ou pour vous-même.

Il ne s'agit pas d'angélisme, seulement de logique. La voie du Tao est celle de l'harmonie et quelle harmonie, quelle plénitude, pouvez-vous trouver dans la revanche et la vengeance ?

Suivre la voie du Tao ne peut qu'être bénéfique, pour vous d'abord, pour votre entourage ensuite, et même pour le monde extérieur.

Par ailleurs, de manière plus philosophique, je citerai les fameux « quatre accords Toltèques ». En 1997, le chaman mexicain Michel Ruiz a écrit un ouvrage aujourd'hui mondialement connu. Son but était de briser nos croyances limitatives et de se centrer sur une Vérité immuable et positive pour guider nos pas de notre naissance jusqu'à notre mort. Ils correspondent si bien à la Voie du Tao que je vous les rappelle ici :

*« Que ta parole soit impeccable,*
*Parle avec intégrité, ne dis que ce que tu penses.*
*N'utilise pas la parole contre toi-même,*
*ni pour médire sur autrui.*
*Ne prends rien personnellement,*
*Ce que les autres disent et font n'est qu'une projection*
*de leur propre réalité, de leur rêve.*
*Lorsque tu es immunisé contre cela,*
*tu n'es plus victime de souffrances inutiles.*
*Ne fais pas de supposition,*
*Aie le courage de poser des questions*
*et d'exprimer tes vrais désirs et besoins.*
*Communique clairement avec les autres pour éviter*

*tristesse, malentendus et drames.*
*A lui seul cet accord peut transformer ta vie.*
*Fais toujours de ton mieux,*
*Ton mieux change d'instant en instant.*
*Quelles que soient les circonstances, fais simplement d e ton mieux et tu éviteras de te juger, de te culpabiliser et d'avoir des regrets. »*

## L'HARMONIE SE REVELE AUSSI DANS VOS REALISATIONS

Suivre la Voie, c'est aussi être attentif. Vous l'avez vu, quand votre Qi circule librement, quand vous êtes pleinement en accord avec vous-même, vous obtenez sans effort ce dont vous rêvez.

Les difficultés, les obstacles doivent vous faire réfléchir, et vous inviter à vous interroger : suis-je sur la bonne voie ? Est-ce vraiment ce que je veux ? Et si oui, qu'est-ce qui cloche ?

Vous avez un véritable pouvoir sur vous-même, et sur ce qui vous arrive. Veillez à ne jamais vous condamner ni vous juger, traitez-vous comme vous aimeriez que l'on vous traite ! Rappelez-vous le dernier accord Toltèque...

## EXERCICE PRATIQUE 1 : LE CERCLE

J'ai choisi cet exercice car il vous permet une bonne introduction à la visualisation, sans être trop complexe ni trop long à effectuer.

Vous allez visualiser un cercle autour de vous, et vous placer au centre de ce cercle.

Imaginez-vous au centre d'une croix inscrite dans le cercle.

Ce sont les quatre directions, avec le sud devant vous et le nord derrière, l'est à votre gauche et l'ouest à droite.

En ajoutant à votre visualisation des diagonales, vous recevez les Énergies du feu, de la terre, du lac, du ciel, de l'eau, de la montagne, du tonnerre, du vent. Concentrez-vous en respirant profondément.

Quand vous êtes bien détendu, vous allez commencer la visualisation : vous êtes entre ciel et terre, et vous sentez le souffle de la terre respirer en vous et rejoindre celui du ciel. Pendant quelques secondes, ressentez la circulation de l'air sur votre peau. Puis, les genoux légèrement pliés, le dos droit, le menton un peu rentré, vous mettez les mains sous votre nombril.

Votre attention est portée sur votre front, entre les sourcils, et vous visualisez une lumière chaude en émerger, pour se propager dans tout votre corps.

Vous soulevez vos mains, lentement, en formant un triangle avec vos index et vos pouces, et vous montez ces triangles jusqu'en dessous de la gorge. Vous détachez les index, et faites glisser votre main gauche sur votre main droite pour les femmes, et l'inverse pour les hommes – main droite sur main gauche.

Vous ouvrez le pied droit en le tournant sur la droite, comme pour pointer vers l'ouest. Pliez le genou gauche. Détachez les mains, en appuyant avec la paume droite sur la main gauche qui résiste. Le coude gauche se pose sur le genou gauche. Le pied droit repose sur le talon.

Vous pivotez vers la gauche en posant votre pied droit et en relevant le gauche. Vos bras se relèvent devant votre torse, puis se posent sur votre cœur.

Laissez-les enfin redescendre sur votre ventre, juste sous le nombril.

Vous recommencez alors, de l'autre côté.

## EXERCICE PRATIQUE 2 : LE CHI KUNG DE L'ENERGIE ORIGINELLE

Cet exercice permet de régénérer l'énergie des Reins, c'est-à-dire l'énergie originelle, et il permet d'augmenter la longévité.

Asseyez-vous sur le bord d'une chaise – ou de votre lit – le matin, juste en vous réveillant.

Applaudissez avec les doigts légèrement tendus – comme un chat fait ses griffes – et les paumes creusées. Tapez cent fois.

Vous travaillez ici avec les zones de réflexologie de la main: l'auriculaire correspond aux Reins et à la Vessie ; l'annulaire, aux Poumons et au Gros intestin ; le majeur, au Cœur et au Petit Intestin ; l'index, au Foie et à la Vésicule biliaire ; le pouce, à la Rate et à l'Estomac ; la partie près du poignet, à la zone sexuelle ; et le gras du pouce, à la constipation et aux hémorroïdes.

Maintenant, placez votre cheville gauche sur votre jambe droite. Tenez votre cheville avec votre main gauche, et frappez doucement cent fois sur l'os de votre malléole avec la paume tendue de la main droite. Vous harmonisez ainsi le Feu et l'Eau.

Ensuite, massez la plante du pied. Faites la même chose avec le pied droit.

Posez les deux pieds au sol, fermez les yeux et laissez agir. Sentez l'eau monter dans les reins. Sentez la sensation monter jusque dans vos jambes. C'est la vibration de l'eau.

Passez maintenant aux points suivants : la pliure de l'intérieur du poignet, entre les deux tendons. Vous posez l'index, le majeur et l'annulaire collés les uns contre les autres, juste le long de la pliure du poignet. Ensuite, vous posez le pouce sur le point entre les deux tendons du poignet interne, juste à côté de l'index.

Posez maintenant l'index sur la partie externe de votre avant-bras, quelques centimètres sous votre poignet. Massez en faisant des cercles une vingtaine de fois dans un sens, puis dans l'autre. Vous pouvez aussi effectuer en alternance une pression et un relâchement sur le point. Vous équilibrez ainsi le cœur et vous harmonisez les émotions tout en stimulant le système immunitaire.

Enfin, le dernier point de cet exercice est celui du « Gros Intestin 4 ». C'est le point source du méridien du Gros Intestin et il régit l'énergie yang du haut du corps. Ce point, utilisé très fréquemment, soulage alors les douleurs, maux de tête, de mâchoires et de dents.

Il renforce le Yang du haut du corps et le Qi défensif, il expulse du visage les symptômes liés au Vent, au Froid et à la Chaleur tels que rhume à répétition, éternuements, yeux douloureux, rhume des foins... Il a une action interne descendante puissante qui aide à soulager la constipation.
Il se situe sur le dos de la main, dans le creux de la pince entre pouce et index.

Placez le pouce de l'autre main sur le point, et l'index sur la paume. Effectuez de petits mouvements circulaires avec le pouce jusqu'à ce que vous sentiez le point. Il est souvent sensible. La main qui tient le point doit être détendue.

Attention, ne jamais activer ce point sur une femme enceinte !

# Epilogue

Le Tao est une Voie passionnante à suivre, et j'espère que vous avez trouvé, dans cet ouvrage, les clés nécessaires à sa mise en pratique. Vous avez maintenant la possibilité de transformer durablement, et de manière radicale, votre existence.

Il ne s'agit ni de magie, ni de religion, ni même de techniques très complexes qui vous demanderaient des années d'études pour en maîtriser les principes !

Bien entendu, le Tao réserve encore bien des surprises, et si vous souhaitez poursuivre vos recherches, vous trouverez sans mal bon nombre d'ouvrages spécialisés qui vous détailleront aussi bien les principes que les techniques.

Il s'agit ici de vous offrir les bases d'une discipline ancestrale, afin d'atteindre un but précis : développer votre énergie vitale et l'utiliser au mieux dans tous les domaines de votre vie.

Qu'il s'agisse de votre santé, de vos émotions ou de vos projets professionnels, votre Qi sera votre sésame. En développant votre énergie vitale, en apprenant à la purger, la redistribuer et la produire, vous disposerez d'un « moteur » parfait et sans aucune limite. Les Taoïstes cherchaient l'immortalité. Ils ont trouvé l'harmonie et la longévité. Mais pas n'importe quelle longévité : celle du bien-être, de la force intérieure, et du respect de soi et des autres.

Car c'est bien dans le respect que vous trouverez votre plénitude.

Il est urgent que dans notre monde pressé de réussir à tout prix et d'engranger les richesses et les gloires éphémères, nous trouvions d'abord l'harmonie avec nous-mêmes.

N'est-ce pas le plus beau des voyages, et la plus belle des Voies ?

Oui, vos ambitions sont compatibles avec votre intégrité et votre bien-être. Oui, vous pouvez obtenir la richesse matérielle sans devenir un requin ni perdre votre âme en route.

Allier les performances sportives à l'écoute de soi est tout à fait possible, comme le développement de vos capacités intellectuelles avec votre plénitude intérieure. Et oui, vous pouvez vous épanouir moralement, sexuellement et physiquement !

J'espère vous avoir guidé dans cette voie, et je vous souhaite, de tout cœur, une longue et belle vie.

# TABLE DES MATIERES

Introduction ........................................................ 5
**L'énergie du Tao pour votre santé** ........................................ 7
Retrouvez l'harmonie ........................................................ 7
Vos trois centres d'énergie :
le cerveau, le cœur et la zone génitale ........................ 8
Les pensées positives :
votre cerveau est le chef d'orchestre ........................ 9
Les émotions et la santé : quand votre cœur dirige ....... 10
Sexualité :
introduction à votre plus grande source d'énergie .... 10
L'alimentation ........................................................ 11
Les douze organes vitaux ........................................ 14
Les Cinq Éléments ................................................ 16
Pour résumer ........................................................ 18
Exercice pratique 1 : les exercices directionnels .......... 18
Exercice pratique 2: les huit pièces de brocart ............. 20
**La sexualité : votre plus grande source d'énergie** ........ 31
Quand l'activité sexuelle augmente votre vitalité .......... 31
La maîtrise de votre corps : une étape indispensable ....... 34
La recherche du plaisir ........................................ 36
L'énergie sexuelle de la femme ................................ 37
Une énergie qui se démultiplie ensuite au quotidien ..... 38
Exercice pratique 1 : le kung-fu sexuel ...................... 40
Exercice pratique 2 : le Cerf .................................... 44
**Votre énergie mentale** ............................................ 49
Comment vous débarrasser de vos parasites mentaux ...... 50
Apprenez à maîtriser la relaxation ............................. 52
L'art de la pensée positive ...................................... 54
La gestion du stress ................................................ 56
L'hygiène mentale .................................................. 58
Exercice pratique 1 :
le Dragon, le Tigre, l'Ours, l'Aigle et le Singe ............ 59
Exercice pratique 2 : le Sourire Intérieur ......................... 62

**Votre corps : sport et performances**..............................64
La santé et le sport....................................................64
La performance et ses limites.......................................65
La pratique du Tai Chi Chuan........................................68
Respectez les bases de l'hygiène physique.................71
Exercice pratique 1 : manger le soleil..........................73
Exercice pratique 2 : le Contre-balancier, le Poteau qui s'enfonce dans la terre et le Chien qui s'ébroue.....74
**Votre énergie spirituelle**...................................................79
La Voie .....................................................................80
Soyez à l'écoute de vous-même et des autres............80
Dépassez les blocages................................................83
L'hypnose et la méditation...........................................84
Emotion et spiritualité.................................................88
Exercice pratique 1 : Le serpent se tord la queue.........89
Exercice pratique 2 : les Six Sons de la santé............90
**De l'énergie pour vos réalisations personnelles**...........94
Le Chi.......................................................................95
De l'esprit à la matière : la loi de l'Attraction.................96
La visualisation ..........................................................98
Travail, amour, argent : comment attirer à vous ce dont vous rêvez...............100
Le principe de base : ne pas nuire............................104
L'harmonie se révèle aussi dans vos réalisations.......105
Exercice pratique 1 : le Cercle...................................105
Exercice pratique 2 : le Chi Kung de l'énergie originelle...107
Epilogue ...................................................................109

editions.labussiere@worldonline.fr
www.editions-labussiere.fr